民办高校教学管理与实践研究

向洪玲 罗 微 杨好伟◎著

吉林出版集团股份有限公司
全国百佳图书出版单位

图书在版编目（CIP）数据

民办高校教学管理与实践研究 / 向洪玲, 罗微, 杨好伟著. -- 长春 : 吉林出版集团股份有限公司, 2023.10

ISBN 978-7-5731-4438-6

Ⅰ.①民… Ⅱ.①向… ②罗… ③杨… Ⅲ.①民办高校—教学管理—研究—中国 Ⅳ.①G648.7

中国国家版本馆CIP数据核字(2023)第204969号

民办高校教学管理与实践研究

MINBAN GAOXIAO JIAOXUE GUANLI YU SHIJIAN YANJIU

著　者　向洪玲 罗 微 杨好伟

责任编辑　蔡宏浩

开　本　787 mm×1092 mm　1/16
印　张　9.75
字　数　216千字
版　次　2023年10月第1版
印　次　2023年10月第1次印刷
出　版　吉林出版集团股份有限公司
发　行　吉林音像出版社有限责任公司
　　　　（吉林省长春市南关区福祉大路5788号）
电　话　0431-81629679
印　刷：吉林省信诚印刷有限公司
ISBN 978-7-5731-4438-6　　定　价　68.00元

前 言

随着我国教育大众化的发展，民办高校逐步壮大，发挥着越来越重要的作用，成为我国高等教育事业的重要组成部分，为我国进入高等教育大众化做出了巨大贡献。高等教育为我国经济社会发展提供了有力的人才和智力支撑，现代高等教育体系框架全面建成，服务经济社会发展的能力和社会吸引力不断增强，具备了基本实现现代化的诸多有利条件和良好工作基础。民办高校的快速发展，为弥补中国高等教育供给不足起了重要作用。随着经济社会的发展和高等教育普及化程度的提高，社会开始关注民办高校办学的规范性和办学质量，与此同时，也出现了管理和质量方面的一些问题。

民办教育是我国社会主义教育事业中的重要组成部分，民办学校应当遵守法律法规，贯彻国家的教育方针，保证教育质量，致力于培养社会主义建设事业的各类人才，保持正确的政治方向，提高的教学质量。民办学校与公办学校具有同等的法律地位。创新教育是时代赋予民办高校的使命，也是民办高校实现自身发展的必由之路。

民办高校是我国教育的重要阵地，作为我国高等教育体系的重要组成部分，是为社会培养专业人才的教育基地。在现代化的教学背景下，民办高校应加强与学生的关系，调动学生学习生活的积极性，促进管理的效果与专业教学相结合。本书在对民办高校教育功能了解的背景下，对民办高校的教学体系加以论述，然后对民办高校的教学管理内容和实践创新进行了分析，让读者对民办高校的教学管理有了较为全面的了解，本书可为民办高校教育教学管理的人员提供参考。

本书在写作过程中，参考了大量前辈的教材及专著，在此表示衷心的感谢，由于作者水平有限，疏漏之处在所难免，恳请广大读者批评指正。

目　录

第一章　民办高等教育的基础理论 001

　　第一节　民办高校的类型与特征 001

　　第二节　民办高等教育的功能定位与其必要性 007

　　第三节　民办高等教育的发展 012

第二章　民办高校的教学体系 026

　　第一节　民办高校学科专业设置的改革 026

　　第二节　民办高校的学校课程设置 041

　　第三节　民办高校的学分制管理模式 054

第三章　民办高校教学管理变革与创新 074

　　第一节　教学管理机制 074

　　第二节　教学的常规管理 078

　　第三节　教学管理模式变革 087

　　第四节　教学管理的信息化创新 090

　　第五节　教学管理中的新媒体管理 094

第四章　民办高校教学资源开发与管理 099

　　第一节　物力资源管理 099

　　第二节　财力资源管理 108

　　第三节　人力资源管理 114

参考文献 145

第一章 民办高等教育的基础理论

作为新兴的教育模式,民办高等教育的作用不应忽视。教育部门也表示:要进一步发展高等教育,单靠公办高等学校是远远不够的。今后高等教育的增量部分将主要靠民办高等教育来实现。

第一节 民办高校的类型与特征

一、民办高等学校的类型

(一)根据办学主体和办学经费来源划分,民办学校主要有以下几种

1. 公民个人办学

这类民办高校是由出资人个人投资,出资者可以是一人,也可以是多人。学校聘请校长办学,自聘教师,自主办学,自主管理。如创办于 1993 年的上海东海学院,就是由多位热心于国家教育事业的老教师,每人出资 5 万元,并通过个人贷款和借款筹措办学资金,租赁校舍,然后由学费逐年滚动,归还欠款,由小到大,逐渐发展起来的。目前,我国大多数民办高校是以这种模式创办和发展起来的。

2. 社会团体办学

这类民办高校一部分是由社会团体或组织投入少量启动资金,利用其在社会的影响力来吸引社会捐资举办的;同时,有的民办高校实际上就是由公民个人举办的,只是在政策尚不明朗的情况下,许多民办高校为了稳妥,而挂靠在一个社会团体、组织之名下的。

3. 捐资办学

这类民办高校是完全依靠捐款建立的。这类民办高校的捐款多数来自国内

外热心教育事业的慈善人士。他们捐资捐物举办民办高校来实现造福桑梓，报效祖国的目的。

4.民营企业办学

这是由民营企业或企业家出资创办的民办高校。

5.教育集团办学

这类是以教育集团为出资单位创办的民办高等学校。

（二）民办高等教育的理想定位

民办大学目前还处在一个较低的发展水平，这是由于多种因素造成的。一般来看，许多民办高校在创办之初，出于生存的目的，开设了一些与社会生活密切相关的专业，培养了不少社会各行业急需的实用型人才，这就形成了民办教育就是职业教育的总体印象，但是，实际情况并非如此。

我国民办高校的生源，主要以职业教育为主体，他们入学的动机是为了争取到和其他同龄人一样的接受高等教育的权利，从而实现自我价值，得到社会的认同和尊重。民办高校因此被人为地限定在高等教育助教、助考的层次上。

我国民办高校的办学者，其主体是公办高校的离退休教职员工和兼职教职员工，其教育思想、教育观念、教育方法等都带有浓重的公办高校的色彩。这就决定了他们往往自觉不自觉地把公办高校的模式，作为民办大学理想的发展目标。

由于上述因素，导致了目前的民办大学尽管多数是以全日制教学为主，但是办学功能单一，办学层次也较为局限。例如，全日制大专职业教育，职业教育与自学考试辅导教育，学历文凭教育相混合的全日制综合本专科教育，学历文凭教育与研究生辅导教育相混合的综合大学教育，等等。实践证明，功能单一、层次局限、多重标准、水平参差的民办高等教育在目前的教育体制下，很难从数量型阶段转入质量效益型阶段。

从理论上分析，民办高等教育机构最有条件办成以全日制本科教育为主的综合高等教育，这是由其内在机制所决定的。民办高等教育是按照市场机制运作、以收取学费为前提条件的非义务教育，主要是为了满足特殊人群的特殊要求。它可以满足社会中公办学校所满足不了的特定阶层的教育需求。中国是一个以公有制经济为主体的国家，民办高校是在公办学校发展了50多年后才起步的。民办大学目前主要是满足一些职业教育、大专教育及短期教育。所以，在政策的制定上，如果适当放宽民办大学办本科的政策限制，允许那些专科和高职水平较高、基本条件具备的民办高校办本科教育，那么，就会大大提高这些民办高校的生产力水平，促使其向更高水平发展，为中国的教育事业做出更大的贡献。

在民办高等教育发展的现实基础上，民办大学可以逐步定型为以下几种：

1. 职业教育型民办大学，分为专科和本科两个层次

这类学校功能单一，直接面对市场，人才培养目标明确，专业界限明晰，以应用性、技术性为特征。发展这类学校在总体布局上一定要控制数量，提高单个学校的规模水平，并且必须让其他类型的民办高校逐步退出职业技术教育领域，以保证职业教育型民办大学的市场份额，稳定提高其办学的规模和质量。鉴于此类大学在设备投资方面数额较大，需要有雄厚的财力作基础，因此，这并不是以收取学费为主要财源的民办大学的强项，而主要应该由国家来主办，少数有实力的民办大学辅之。

2. 教学型民办大学，以全日制综合本科为主

其符合国家颁布的高校本科教育基本标准，以专业基础理论、基本技能教学为主，专业涉及文、经、法、工、农、医等传统专业领域。人才培养目标为双目标：既可以培养较高层次的具有专业技能的实践应用人才，也可以培养较高层次的专业学术研究人才。此类学校的发展目标应定位在具有广泛影响的拥有省级或区域级重点专业、重点学科、重点实验室的综合大学。这类学校应作为未来民办大学的主流，目前，迫切需要进行重点扶持，重点投入。

3. 研究型民办大学

这是在完善本科教育基础上发展起来的高层次办学形式，以培养硕士、博士研究生为主要目标，适当结合规模适度的本科教育；以培养高层次学术理论研究人才进行学术理论研究和高科技开发研究为主。此类学校应定位在具有国内重大影响和一定国际影响力的，拥有国家级重点学科、专业、实验室的重点大学。

总而言之，我们认为在国家法律、政策允许的框架内，民办高校应结合本

校特色和优势进行科学定位，选择最理想的可持续发展战略，大胆创新、勇敢实践，办出特色鲜明的民办大学。

二、民办高等教育的特征

（一）民办高等教育的具体特征

民办高等教育的办学类型多样，不同类型的高校之间有其共同的特点，也存在着一定的差异。通过研究发现，在这五种办学类型中，公民个人办学、社会团体办学和捐资办学可以划分成一类，我们称之为个体办学型；而民营企业和教育集团办学划分为另一类，我们称之为企业办学型。以下为两种办学类型的民办高校的具体特征：

1. 个体办学型民办高校的特征

（1）投入少

举办民办高等教育需要大量的先期投入，如购买校园土地、建造校舍、购置教学仪器设备、聘请教师等，但受个人、社会团体经济实力与条件的限制，这类民办高校的先期投入都比较少，基本上都是以少量投入作为教学场所的租金和聘请教师的工资，逐步发展起来的。

（2）以学养学，滚动发展

因为没有雄厚的办学经费作支持，民办高校的收入只能靠学生学费来维持。并在学校的运转过程中，厉行节约，精打细算，把办学结余部分再投入学校建设中，再经过长期的以学养学积累，持续的投入，逐年滚动发展起来。

（3）发展慢，效益差

由于这类民办高校多数是滚动发展起来的，发展速度一般较慢。绝大部分的办学结余都用于学院发展建设，经济效益也就难言丰厚。并且在2017年以前，我国法律明文规定，投资教育不能以营利为目的，更不允许有暴利。因而，靠学费收入结余后再投入办学的这类学校发展速度比较慢，教育投资效益较差。直至目前，仍有相当一部分民办高校办学条件十分简陋，校舍、教学用房和教师都非常紧张。

2. 企业办学型民办高校的特征

企业办学型民办高校因为有企业或集团的强大经济实力做后盾，以及有企业先进管理经验的引入，表现出与个体办学型民办高校较大的区别。

（1）起点高，投资大

民营企业和教育集团办学明显不同于个体办学。个人办学、社会团体办学等形式的办学，一般采取从低起点逐步提高的做法。而企业办学高校一般建设速度比较快，投资力度比较大，学校的资产都达数亿元之多，因此，校园教育环境优越，教学设施先进，学校占地面积、建筑面积和各项设施设备，都能达到国家规定的办学标准。这就避免了许多民办高校办学初期因为经费不充足而出现的学校基础设施不齐全，教学质量难以保证的问题。

（2）经济与教育规律有机融合

企业家和教育家有不同的工作经历、专业技能与思维方式，教育教学活动不同于经济活动，它们有自身不同的运行规律。要办好教育产业，就需要将教育规律与经济规律有机融合。高校管理者与企业家投资者在一个平台上，教育家和企业家共同办学，给双方提供了一个都能施展才能的舞台，实现了两者的有机融合、协调发展。

（3）经营管理产业化，效益好

民营企业和教育集团办学在充分尊重教育规律的同时，借鉴和遵循产业运作的一些观念和做法，讲究质量、信誉、成本和效益，为民办高校的教育、教学提供全方位的服务，以推动其更好、更快地发展。

因为先期投资额度大，创办者收回投资成本的压力较大，加上学校硬件条件比较好，有的家长也愿意把子女送到这类学校。因此，这类民办高校在建校的初期，收费标准往往比较高。

（4）品牌意识强

成功的教育集团与成功的企业集团一样，都非常重视品牌建设，强调科学化管理、规范化运作，往往采取统一校名、统一标准、统一管理的模式，在成功办学的基础上，输出集团的管理模式，以托管的方式对其他民办高校进行管理，以扩大其影响。

（二）民办高等教育不同阶段的特征

在民办高等教育发展的过程中，不同时期表现出不同的形式与特征。

1. 独立性与依附性并存

民办高校体现出独立性和依附性并存的特征，特别是在国家试点开展学历文凭考试考点期间，表现得尤为明显。20世纪90年代，是中国高等教育发展历程中一个重要的分水岭，在这一年国家颁布了《中国教育改革和发展纲要》，民办高等教育由此进入一个全新的发展阶段。民办高校的一部分组织形式发生了显著的改变，多数的自学考试的助学机构逐渐成为学历文凭的考试试点学院，民办高校终于有了自己特有的颁发学历文凭的资格。虽然这种资格是一种半独立、半依附的资格，但极大地促进了民办高等教育的发展。近几年，民办高等教育有了突飞猛进的发展，少数专修院校从租赁教室、兼职教师的运行模式，逐渐发展成为有了自己独立校舍和专职教师的高职院校。

2. 多样性与统一性转换

由于各类民办高校建校时举办者、举办方式和投资模式的不同，以及各个学校的办学经历不同，使得我国民办高校具有天然的多样性特征，这里就不过多地论述了。

21世纪初，民办高等教育组织的主要形式是民办高职院校和独立学院，其他的组织形式已经没有生存空间，逐步消亡。这些民办高校不论建校初期是何种状态，随着其向民办高职学院或独立学院的转型，规范性、合法性的要求促使这些民办高校的组织模式发生了变化。公办高校的运行标准和模式就是中国高等教育的标准和模式，可以说，中国高等教育的标准模式是由公办高等学校树立的。这种标准的树立对民办高校起到了重大示范引领作用，促使或者规范民办高校向着公办高校的标准去发展。民办高校也在有意模仿公办高校的组织形式和行为模式。不论是民办高职院校还是独立学院，其都在向公办高校的标准靠拢，高等教育的统一性被不断强化了。

第二节　民办高等教育的功能定位与其必要性

一、民办高等教育的必要性

（一）有利于满足人民日益增长的高等教育需求

我国是文明古国，礼仪之邦，有着重视教育的优良传统。改革开放以来，随着计划生育这一基本国策得到认真贯彻，独生子女比例越来越高，城市和发达地区尤为显著，广大家长望子成龙、望女成凤的心理更为突出，迫切希望子女能接受良好的教育。

大力发展民办高等教育，可以迅速扩大高校招生规模，为合格的高中毕业生提供更多的深造机会，既让他们得以实现接受高等教育的迫切愿望，学到一技之长，又推迟了他们的就业时间，减轻了社会的就业压力。民办高校的办学经费来源是多渠道的，创办者的原始投资、社会各界的资助和政府的适当补助（包括政策性的费用减免）是一部分，但就我国目前的情况而言，主要还是学费收入，其占总经费的绝大多数。随着我国社会经济的迅速发展，人民群众收入水平的逐步提高，相当一部分家庭愿意也有可能承担相对于公办高校而言比较昂贵的民办高校的学费。

（二）有利于鼓励社会各方面力量集资办学

世界各国在发展高等教育的过程中，几乎所有高校都面临办学经费短缺的困难。因此，许多国家都大力发展民办高等教育，鼓励社会各方面力量集资办学，以增加教育投入，缓解教育经费短缺问题。我国过去受计划经济的长期影响，政府包揽高等教育，办学经费单纯依靠政府拨款，财政不堪重负，高等教育发展受到严重制约。

我国的经济和社会发展水平决定了在相当长的历史时期内，高等教育必须以国家办学为主，政府投入仍然是高等教育经费来源的主渠道，但仅仅依靠政府投资办学是远远不够的。在社会主义市场经济条件下，国家没有必要也不可

能有足够的财力支撑全部的高等教育，长期包揽下去势必抑制其进一步的发展。因此，必须进一步解放思想，转变观念，彻底改变过去在计划经济体制下形成的政府包揽办学的格局，在集中有限的财力办好公办高等教育的同时，大力发展民办高等教育，积极鼓励和支持社会力量以多种形式办学，满足人民群众日益增长的高等教育需求，形成以政府办学为主体、公办高校和民办高校共同发展的格局。发展民办高等教育是加快发展我国高等教育事业的重要途径，它主要依靠民间财力，无须增加政府财政负担，可以大有作为，凡是符合国家有关法律法规的办学形式，都应允许大胆尝试。

（三）有利于优化高等教育资源

民办高等教育的调节机制就是市场机制，生源市场是调节高等教育特别是民办高等教育的一只看不见的手，综合反映了劳动力市场和人才市场等各方面市场的需求状况。民办高校尽管几乎没有政府一分钱的投入，但由于能主动地、及时地适应市场需求，多渠道聚集社会闲散资金，大量借用公办高校的校舍、设备和师资，使高等教育资源得到充分利用，自身也可获得很大的发展。市场机制还为整个高等教育系统增加了一个反应敏感的社会需求信息系统，不论是民办高校，还是公办高校，谁不能及时适应，谁迟早就会被无情的市场竞争所淘汰。因此，要实现高等教育资源的优化组合，合理配置，就必须坚持以市场调节为基础，同时辅之以必要的宏观调控。民办高校目前在这方面已先行一步，这对公办高校是一个很好的示范和促进。

（四）有利于深化高等教育体制改革

高等教育体制的改革从本质上来说，就是由适应中央集权的计划经济体制向适应社会主义市场经济体制的过渡，但我国教育体制改革特别是高等教育体制改革的步伐比较缓慢，并且还存在着计划经济体制的色彩。

民办高等教育的再度兴起适应了我国改革开放和现代化建设的人才需求，以及由此而激发起的社会成员日益增长的学习需求，从而使民办高等教育与社会主义市场经济形成了天然联系，成为高等教育新体制的生长点。民办高等教育伴随着改革开放大潮崛起，其意义不仅仅在于它在我国中断了近三十年后重获新生，更在于它作为一项高等教育新体制的增量对旧体制所形成的冲击与改造。民办高校拥有较大的办学自主权，可以自筹资金、自聘人员、自设专业、自行招生、自主经营、自负盈亏，不受政府教育行政部门和其他方面不必要的过多干扰和牵制。民办高等教育作为最早具有市场属性的高等教育主体和旧体制的体制外力量，尽管目前由于自身的弱小和不完善性，对旧体制的冲击与改造作用还不十分突出，但随着自身的不断发展壮大，在整个高等教育体系中的地位日益提高，民办高等教育必将对深化高等教育体制改革发挥出越来越大的作用，进一步推动高等教育新体制的建立。

（五）有利于实现高等教育大众化

高等教育大众化是世界高等教育发展的必然趋势，也是实现我国经济与社会协调发展的客观选择。美国高等教育学家以18～21岁适龄人口接受高等教育的比例为标准，将高等教育发展划分为三个阶段：接受各种形式的高等教育的适龄人口比例低于15%属于精英化高等教育阶段；处于15%～50%之间属于大众化高等教育阶段；超过50%属于普及化高等教育阶段。

各国间的综合国力的竞争归根到底是科技和人才的竞争。经济和社会发展的优势蕴藏于知识和人才之中，社会财富向拥有科技和人才优势的国家和地区聚集，谁在科技创新和人才培养上占有优势，谁就在发展上占据主导地位。要在新世纪抓住机遇，增强综合国力，战胜各种挑战，就必须大力发展高等教育，早日实现高等教育大众化的目标，缩小与发达国家的差距。但是，单纯依靠公办高等教育是难以早日实现高等教育大众化目标的。因此，必须突破政府包揽办学的传统模式，大力发展民办高等教育。

支持和鼓励社会力量办学，扶持和引导民办高等教育的发展，是世界上大多数国家行之有效的发展高等教育的重要方式。

（六）有利于促进经济增长

随着市场经济的发展和知识经济的崛起，人们越来越清楚地认识到：教育特别是高等教育兼具消费性和生产性，是劳动力的再生产和知识的再生产，是具有公益性的特殊产业。由民间力量兴办的民办高等教育完全自筹资金、自负盈亏，更具产业属性。把民办高等教育作为一项产业来大力发展，不仅有利于高等教育自身的改革和发展，而且有利于整个国民经济和社会事业的发展。

经济不景气对于教育发展而言既是严峻的挑战和制约，也是良好的机遇和条件。目前，我国城乡居民对高等教育的需求日益旺盛，加快高等教育发展具有极大的重要性和紧迫性。

加快发展高等教育是有条件的，现在城乡居民教育消费意愿十分强烈，居民家庭储蓄中有相当大的比例准备用于教育，现有教育资源还有很大潜力，社会力量也有办学的积极性。教育产业正在成为我国新的经济增长点，许多有远见的企业和个人都看好这一产业，愿意投资兴建民办学校特别是民办高校。而投资不同于捐资，必然要求回报，没有一定的回报就难以吸引大量民间资本投资。民办高校仅靠捐资，数量有限，也难以维系。许多国家解决这个问题的办法是，将民办高校分为营利与不营利两大类，营利的要按照企业纳税，不营利的可以按照公益事业减免税。将民办高等教育作为产业来发展，允许适度营利，可以吸引民间资本投入到民办高校办学，有利于民办高校改善经营管理，提高办学质量，增强竞争能力，获得一定的盈余。盈余的一部分作为公积金滚动发展，一部分作为红利回报给投资者，这既有利于民办高等教育自身的快速发展，也有利于刺激教育消费，拉动民间投资，从而促进经济的持续增长。

民办高等教育作为我国高等教育和国民经济的新增长点，在过去20多年里取得了很大成就，已与普通高等教育、成人高等教育构成三足鼎立之势。进入21世纪，只要进一步解放思想，更新观念，全面贯彻"积极鼓励，大力支持，正确引导，依法管理"的十六字方针，民办高等教育必将成为我国高等教育事业的重要组成部分，充分发挥其对经济和社会发展的促进作用。

二、民办高等教育的功能定位

一般而言，高等教育的功能有两个方面：一方面，是对人的作用，另一方面，是对社会的作用。这两种功能是相互联系、相互统一的。具体地说，个体层面对人的作用就是高等教育应培养追求真善美的人，而社会层面对社会的作用就是高等教育应促进政治稳定、经济发展、科技进步、社会公平等。作为高等教育的重要组成部分的民办高等教育同样也具有育人、服务社会的功能。

（一）民办高等教育的主要功能：推动高等教育的多样化，满足社会成员接受教育的需求

目前，我国的高等教育虽已进入高等教育大众化阶段，但还有相当多的适龄青年没有机会进入高等教育中进行深造，民办高校的诞生在一定程度上促进了个人受教育机会的平等，保障了公民享有受教育的权利。由于民办高等教育的发展，打破了高等教育单一的由国家办学的体制，改变了政府包揽办学的格局，逐步建立起了以政府办学为主体，社会各界共同办学的新体制。民办高等教育的发展增加了高等教育供给方式多样化的选择，为更多的青少年灵活地提供了选择学校、选择教育内容、接受高等教育的机会。

（二）民办高等教育的功能之二：增加高等教育投入，优化调节教育资源配置

几乎所有人都承认，民办高等教育的发展吸纳了社会资金，进一步挖掘了现有社会各种教育资源的潜力，有效地增加了教育投入，弥补了国家财政投入的不足，促进了资源共享，对优化教育资源配置起到了很好的调节作用。

（三）民办高等教育的功能之三：促进催化教育思想观念更新，有力维系社会稳定

民办高等教育在推进高等教育体制的改革与创新，进一步推进了高校办学体制、教育投资体制、管理体制和内部运行体制等教育改革的深化，为高等教育的改革与发展提供了新鲜的经验，对促进高等教育健康可持续发展，推进公办高等教育与民办高等教育共同发展格局的形成、探索大众化条件下高等学校人才培养模式等方面，发挥了积极的作用。同时，民办高校为大批青年提供了学习的机会，他们在学校学习期间，在接受知识和技能深造的同时，也有效地减轻了就业市场的压力，对维系社会稳定，缓解就业压力起到了缓冲作用。而社会在进一步吸纳毕业生后，成为首要的直接受益者，生产力和单位行政效率明显提高了，国家（政府）也是间接的最终受益者，社会长期稳定，综合国力不断增强，以上这些正效应所释放出的正能量大家有目共睹，绝大多数都得到了社会和国家的充分肯定。

随着社会主义市场经济的深化发展和科技的不断进步，社会对各类应用型、

职业技能型人才的需求激增，我国要满足社会对人才多样化的需求，特别是对大量的应用型、职业技术型专门人才的需求，目前，解决这一需求的有效途径就是大力发展民办高等教育，这也顺应中国特色社会主义现代化建设的需要，顺应了我国人口众多、教育欠发达的国情的一种历史必然。所以民办高校应牢牢抓住这一现实条件与优势，根据社会对人才的需求，准确地定位于教学应用型民办大学和职业技术型专科民办高校，即民办本科高校应定位为教学应用型本科，民办专科高校应定位为职业技术型专科。与传统的本科以上精英教育所培养的学术型专门人才所不同，培养出更具有显著职业特点的应用型、技艺型人才，差异化发展与错位竞争，准确定位、特色发展，不断增强发展后劲，更好地发挥出民办高等教育的特色职能，更好地为社会主义现代化建设事业添砖加瓦。

第三节 民办高等教育的发展

一、我国民办高等教育体系的构建

构建民办高等教育体系的前提条件，是要取决于民办高等教育在整个高等教育体系中的地位与作用。经过世纪之交的大扩招，我国高等教育已经进入了大众化阶段，公立高等教育得到了充分的发展。在此种背景下，共同发展又反过来成为民办高等教育发展的必然趋势。补充教育是民办高校在国家主导型高等教育系统处于精英教育阶段时的一种必然现象。国际经验表明，随着高等教育从精英教育阶段走向大众化阶段乃至普及化阶段时，国家主导型高等教育系统中的民办高校或早或迟都会从补充教育走向选择教育。从补充教育走向选择教育是我国民办高校发展战略的必然选择，也是实现可持续发展的关键。因此，与公办高校共同发展提供选择教育是构建民办高等教育体系的主要基调。

在这种基调下，如何来构建民办高等教育体系呢？我们认为，在当前高等教育发展的新形势下，民办高等教育体系应做如下调整：

（一）基本构架

按我国高等教育的传统分类，高等教育可以分为普通高等教育和成人高等教育，前者属全日制系列，后者则属非全日制系列。这是民办高等教育体系完善的一条主线。在这条主线下，我们认为，根据高校的功能和所承担的使命，民办高等教育大致可以形成"两纵两横"的架构。所谓"两纵"即全日制民办高校和非全日制民办高校，前者主要以招收应届高中毕业生为主，而后者则以招收社会成人为主。所谓"两横"即大学系列和非大学系列。大学系列的民办高校以开展研究包括基础性研究、应用研究和技术开发等为主要职能，而非大学系列则以培养各类专门人才为主，其重心还是在人才培养上，包括培养经济社会发展需要的各类人才和追求自我发展、自主创业的各类个性人才。

在全日制高校中，根据对知识创造和传播使用的侧重不同可以分为学术型高校和应用型高校，学术型高校偏重于对基本理论和基本规律等相关方面知识的创新研究，而应用型高校则强调突出那些能在生产实践中需要解决实际问题的知识的再创造。在非全日制高校中，根据服务对象的不同，也可以细分为面向个体的高校和面向社会机构的高校。在全日制大学系列中，根据学位授予的高低可以细分为博士学位授予高校、硕士学位授予高校和学士学位授予高校。在非大学系列中，遵循国际惯例，不再做更加细微的分类，仅作为一种独立的系列，保持相应的独立性。根据我国既有传统，非全日制民办高校只享受颁发学历的权利，而不能授予学位，以与全日制民办高校加以区分。如此一来，民办高等教育体系就由原来的"两纵两横"基本架构演变成了一个矩阵图，这个矩阵图大致可以囊括人们对高等教育的多元需求，也为民办高校寻找合适的位置提供了基本参照，从而可以最大程度避免办学定位趋同化倾向，同时，在更大程度上展现民办高等教育体系的多样性和内在活力。

（二）具体详解

从根本上淡化办学层次是民办高等教育体系的出发点。这也符合世界高等教育发展的规律和我国高等教育去行政化的改革潮流。然而，需要强调的是，淡化办学层次并不意味着不讲办学层次，只不过办学层次的划分不再是依据行政级别的高低，而是以知识生产传播能力的大小为标准。在民办高等教育体系中，我们没有设计很复杂的办学层次结构，只强调在全日制大系列中才有层次之分，而且分层的标准也比较简单，仅根据授予学位高低这一标准，将全日制民办高

校分为博士学位授予高校、硕士学位授予高校和学士学位授予高校,再加上非大学系列民办高校,共有四个层次:

1.具有博士学位授予权的全日制民办高校

根据我国教育部对高校的基本分类,综合性大学又可以分为财经类、艺术类、政法类等。这类院校的办学水平往往较高。从我国民办高校现有的办学情况来看,许多高校开设的学科专业比较多,具备了综合性大学最基本的特点,但是还没有一所民办高校其办学水平能达到这种理想水平,这种民办本科高校大多称为"学院"而非"大学"就可以看得出来。

2.具有硕士学位授予权的全日制民办高校

这类院校往往单科性特色较鲜明,专注于某一学科领域或为某一行业培养专业人才。在我国民办高校中,具备这种单科性特色的院校有许多,涉及艺术、医学、经管、文法等多种学科。如河北传媒学院等。虽然这些学校目前尚未达到如此高校的办学水平,但长远看也未必不能实现。

3.具有学士学位授予权的全日制民办高校

这类高校培养的学生主要为研究高深学问奠定基础,类似于美国以开展博雅教育为主的文理学院。我国知名教育家、原复旦大学校长杨福家教授指出,中国教育要发展,博雅教育也是不可回避的方向。在这方面,上海民办高校已经开始了试点工作。

4.非大学系列的民办高校

这类院校主要是针对岗位需求培养学生的职能操作技能。这些院校类似于美国的社区学院、日本的短期技术大学和法国的短期技术大学,以服务地方区域性经济社会发展为宗旨。专业设置讲究灵活多变,人才培养模式强调产教结合。

我们在民办高等教育体系中不能忽视或轻视这类民办高校的存在。在这个体系中,我们根据非全日制民办高校面向对象是个体还是机构这一标准将其分为两类,即面向个体的非全日制民办高校和面向机构的非全日制民办高校。

可以授予学位的非全日制民办高校,这类院校可以细分为四种情况:第一种情况是我国现有的一些传统成人高校;第二种情况就是高等教育自学考试培训机构,这是民办高校初期发展的重要途径,在国家自考政策没有做重大调整的前提下，这类机构也可以是民办高校未来发展的方向；第三种情况就是一些新兴的机构，包括一些营利性私立大学；第四种情况是在互联网技术支撑下发展起来的可汗学院。

不能授予学位的非全日制民办高校。其面向对象主要是老年群体和新兴中产阶级。随着我国老龄化程度的不断加深，退休人员进入老年大学进行学习的需求也日益强烈。而这一块始终是成人高等教育的一个薄弱板块，在一些经济较发达、老龄化程度较高的城市，老年大学的供需矛盾已经开始显现。处于转型期的中国社会已经出现了一批拥有知识与技术的人群，他们比较注重自身文化的提高。因此，对于面向新兴中产阶级的则可以举办一些迎合其心理、岗位、职位和文化精神层面需要的特色型民办高校。

与面向个体的求学需求不同，在学习型组织等观念不断深入的背景下，企业等机构对知识的重要性尤其是对高等教育的依附程度也跟着不断增强。事实上，创办企业大学并非一种新鲜事物。

以上的阐释侧重于民办高等教育类型的划分，而对具体每种类型的高校，其学制可能也会有所差别，比如，综合性大学与单科性大学之间的学制会有所不同，而且综合性大学与应用技术大学的学制长短也有所差异。究竟以多长为宜，可能还需要进一步的分析研究。

类型的多样必然会带来举办主体的多元。总的来说，民办高校的举办主体可能会出现以下几种情况：

第一种情况，由个人举办。即由个人出资或通过合法融资的办法来举办民办高校。从我国民办高校发展的历史教训以及考虑到各种制约因素，个人举办的可能性会更多地偏向面向个体的非全日制高校，尤其是以服务老年人等特殊群体为目的和举办自学考试机构。

第二种情况，由企业举办。虽然在现有的民办高校中有一部分是由企业投资举办的，但事实证明，由企业投资举办的民办高校其发展前景相对比较广阔，持续发展能力较强。

第三种情况，由基金会举办。这在国外比较普遍，一些知名的私立大学也是依托基金会来发展和管理的。

第四种情况，由公办高校托管。即民办公营的方式。在我国民办高校的现实中已经有了先例。鉴于目前独立学院转型工作推进的难度，这种模式也可能会成为解决这个问题的有效途径。

第五种情况，混合所有制模式。虽然对混合所有制模式能否引入教育领域没有统一的意见，但近年来一些地方政府已开始并加大了对民办高校的办学资助，尽管这些资助主要局限于师资队伍建设、安全技防建设，以及人才培养基地建设等方面，但事实上已经沉淀了国有固定资产，形成混合所有制的格局。

二、民办高校可持续发展的基本策略

民办高校登陆中国教育市场是教育适应社会发展的必然，也正是民办高校的出现和发展，解决了一个困扰中国高等教育多年来人才培养模式与社会市场需求相脱节的问题。新形势下，民办高校如何在我国高等教育蓬勃发展的背景下争得一席之地、实现可持续发展已成为目前高等教育研究亟待解决且不可回避的一项课题。

（一）科学定位是民办高校可持续发展之本

民办高校定位，是指民办高校根据当前经济发展和社会进步的需要，根据学生的需求和学校自身的条件，准确选择发展方向、工作重心和发展目标，发挥自身办学的优势和特色的一系列发展规划活动。民办高校办学需要科学定位，这是与我国高等教育发展形势和发展阶段密切相连的，也是所有办学者必须直接面对、必须认真思考的问题。因为随着民办高校队伍的不断扩大，其当前发展面临着不仅来自民办高校自身的竞争，还面临着来自国内外一些前所未有的挑战，因此，科学定位是所有民办高校在新形势下做出的必然选择。

1. 民办高校科学定位的现实紧迫性

新形势下，民办高校发展面临着以下几方面的影响与挑战：

（1）公办高校扩招的影响；

（2）教育市场国际化的挑战；

（3）独立院校的冲击；

（4）民办高校内部的竞争；

（5）民办高校自身办学条件的限制。

2. 民办高校科学定位的依据

民办高校办学定位不能盲目进行，它需要有一定的理论依据和现实基础，必须在科学发展观指导下，依据社会的需求、学校的自身优势及政府的引导，在社会对教育需求层次中找准自己的位置，并在自己擅长的领域中做到最好，实现高起点、超常规、跨越式发展。

3. 民办高校科学定位的内容

（1）办学方向定位

办学方向定位也可指办学类型与功能定位。有学者认为，未来的民办高等教育的办学方向定位可以分为以下三种情况：一是职业教育型民办大学，包括专科、本科两个层次；二是全日制综合本科为主的民办大学，符合国家颁布的高校本科教育基本标准，以专业基础理论、基本技能教学为主，专业涉及文、经、法、工、农、医等传统专业领域；三是学术研究型民办大学，这是在完全成熟的本科教育基础上发展起来的高层次办学形式，以培养硕士、博士研究生为主要目标，适当结合规模适度的本科教育，以培养高层次学术理论研究人才，进行学术理论研究和高科技开发研究为主。基于民办高校发展的基础和现状，选择职业教育应是民办高校的优势，也是民办高校走向成功和深入发展的重要途径。

（2）办学层次定位

办学层次和规模是一个逐渐发展的过程，民办高校尤是如此。民办高校成立的时间相对都较短，无论经费、设备，还是管理经验和生源，都处于起步阶段，所以民办高校办学应该有一个层次渐进的过程。如选择职业教育作为办学方向，随着办学层次的不断提高，可使人才培养目标从职业技能型向技术应用型转变，以实现人才的知识、能力和素质的全面提高。

（3）服务方向定位

服务方向定位是民办高校要找准为社会服务的空间范畴，使自己的人才培养、科学研究、社会服务等项功能，在最适合的地理区域或行业范围得到施展和落实。例如，黑龙江省齐齐哈尔职业学院在三个方面确定自己的服务方向定

位：一是面向社会生产、经营、管理、服务一线；二是面向中小城市和经济发达的乡镇；三是面向中小企业和民营企业。使其所培养的学生人尽其才，达到理想的就业。

（4）人才培养模式定位

针对社会需求、学生实际和学校现有资源，定位人才培养模式。例如，为了增强学生的岗位适应能力，培养应用型、职业型的创业者，在通用能力的培养基础上，可重点突出对学生外语应用能力、汉字拼写能力、微机操作能力、信息处理能力的培养。教学中，理论教学以"必需、够用"为原则，通过"项目作业"使学生掌握必要的基础理论和专业理论知识；实践教学按"产学结合、校企合作"的方式为学生创建真实的职业环境，使学生掌握所学专业若干个岗位所需要的职业技能。

（二）建设特色课程是民办高校可持续发展之法

每所学校能够生存，能够发展，能够出名，依靠的主要是特色，而不是规模，因为规模大不等于实力强。民办高校在激烈的竞争和严峻的环境下，若想生存和持续发展，课程设置就必须走特色化道路。在课程设置方面不仅重基础性、学术性，还要重视职业性和实用性。因此，在课程设置上要重满足社会发展和个人就业素质提高的需要。既不能总跟在市场后面跑，频繁更换课程，否则一旦供过于求，就会受到市场规律的惩罚；也不能盲目效仿普通高教课程，造成与社会脱节的误区，导致许多物力与智力的浪费。民办高校要根据生源的差异性和其对课程设施多样性的要求，依据本校资源优势开设特色课程，以满足学生的兴趣、需求和特长，进而使培养的学生能够适应社会的需要。尤其是现代大学的社会服务功能和文化市场功能明显突出，学生成为知识的购买者，成为知识的最大顾客，其地位由从属到主导，可以说在一定程度上，学生影响着一所大学的发展和规模，大学由教授的大学转变为学生的大学。可见，学生是民办高校生存和发展的基础，满足学生的需要，就是学校发展的保障，而特色课程是满足学生发展的最有效途径，所以，特色课程的建设是高校尤其是民办高校可持续发展之所需。

1. 民办高校建设特色课程的优势

（1）民办高校灵活的办学机制是建设特色课程的基础

政府通过改善高等教育管理体制，落实高校办学自主权，使民办高等教育发展的自主性有了加强。政府已在很多具体领域放权，允许多样化发展，由原来的全面管理转为宏观管理。这样，民办高校已在较大领域享有办学的自主权，可按市场需求设置相应专业。同时，民办高校也在政府的职能转换中逐渐产生了自主办学的思想，树立市场经济竞争的观念，力争发挥自身优势条件，尤其是根据本校资源优势进行特色课程的建设，以此突出办学特色，使培养的学生能够适应市场经济和社会发展的要求。

（2）社会人才观念的转变是建设特色课程的动力

在商品经济日益发展的形势下，社会各个行业对用人的需求也发生了很大的变化。与此相适应，人们的价值观、知识观、人才观、择业观等日趋多元化、实用化。人们不再认为重点高校和普通公立高校才是成才的唯一途径，学生和家长开始把目光投向民办高校。民办高校为满足社会的需要，开始开设多种多样、各具特色的课程。所以，人才观念的转变是民办高校建设特色课程的直接动力。

2.民办高校建设特色课程所遵循的原则

（1）合理性原则

特色课程的设置要符合教育规律。要符合民办高等教育的培养目标和特点，这就要求课程结构要合理，使之既有利于提高学生的全面素质，又有利于每个学生个性发展、学有所长和各得其所。由于社会对人才有着不同规格的需求，要求学生必须不断开发自身的潜能和不断适应市场变化的能力以及对专业领域的创新能力，因此，民办高校的课程设置不仅要有多层次、多元化特点，还要进行局部优化，使某门课或某类课要新颖、精练，便于培养目标的实现。特色课程不应仅局限于形式上的系统与完整，还要着重于内容的实用性和可操作性，适当增加实践课的比重，加强与社会进步和未来科技发展的联系。

（2）实用性原则

特色课程本身必须是有意义的、可行的、可学和可用的，因此，课程内容不仅要注意知识事实，还要注意处理知识的技能，要审慎处理知识的广度和深度，课程内容必须与学生的实际有机结合。特色课程设置时，一要面对生源实际，

这是特色课程设置要考虑的基础条件和出发点。面对不同层次和起点的生源现状，就要有多元化、多层次的课程设置，以便有效地进行因材施教，实现培养目标。二是要面对社会需求和就业需求。特色课程设置应联系社会实际，与学生的就业需要密切相关，课程开发要从切合本地区社会、经济发展特色入手，建立起既符合经济建设和社会发展目标，又切合学校自身优势，同时，满足学生需求的高等教育特色课程体系。

（3）灵活性原则

特色课程设置要具有灵活性和弹性，唯有如此，课程才能适应变化，才能吐故纳新具有生命力和活力，因此，灵活性和弹性应贯穿于特色课程设计和实施的全过程之中。特色课程设置应该明确学生的学习动机和就业需求，充分考虑学生的原有知识结构和能力，精心组织和取舍教学内容。同时，课程设置应面向学生的未来，着重创造思维和能力的培养，使学生具有在本知识领域扩展、深造的能力。

（4）统一性原则

课程设置需要考虑到学科、学生、社会等因素及其相互关系，也由于人们关注课程问题的视角不同，因而有的人从社会需要出发，主张根据社会发展确定课程内容及课程活动；有的主张以学生为中心，认为课程应以学生心理发展特征和社会化需要为标准；有的认为课程应以学科分类为基础，以掌握学科知识和相应技能为目标。对于民办高校的课程建设来说，必须坚持这三方面的统一，坚持对社会需求、学生实际、学科特点的分析，才能顺利实现课程目标。

（三）挖掘自身潜力、培育大学精神、塑造品牌形象是民办高校可持续发展之源

在竞争越来越激烈的高等教育市场中，民办高校必须认清高等教育需求的市场化形势，利用其自身优势，培育大学精神，通过塑造品牌来提高竞争能力，这是民办高校可持续发展的不竭动力与源泉。

1.民办高校具有了公办高校所拥有的发展基础，应以此为生长点，培育大学精神、塑造品牌形象

民办高校整体优势虽不如公办高校，但其也具有了公办高校拥有的发展基

础保障。随着我国民办教育的发展，国家出台了一系列有关民办教育的文件，正确定位了民办教育本质属性。国家对民办教育采取积极鼓励、大力支持、正确引导、依法管理的方针。我国目前的民办高校与公办高校一样，具有国家法律的支持和保障，按照党的教育方针、法规、政策办学，成为中国特色社会主义教育的基地，是我国社会主义教育事业的组成部分。所以，民办高校并不是单纯私人办学，也不仅是民间资助。从某种程度而言，民办高校同公办高校一样，在国家的支持下具有一定的发展基础。民办高校应以此为生长点，加快大学精神的培育。大学精神是一所大学赖以生存的支柱和精神推动力，它是融科学合理的教育观念、健全的大学制度、民主的管理模式、积极向上的行为方式和健康和谐的校园文化于一体的一种整体的大学风貌，由大学精神所形成的吸引力和凝聚力必然产生"有诸形于内必形于外"的大学品牌形象。大学精神所创设的那种体现学校风范正气的精神氛围，时刻激励、统率着大学每个师生的意志。因此，民办高校必须加快对大学精神的培育，通过大学精神的渗透性和示范性开发其潜在价值，塑造其品牌大学形象。

2. 民办高校要利用公办高校所不具有的优势，打造品牌，变劣势为强势，形成核心竞争力

民办高校与公办高校相比，又具有公办高校所不及的优势。具体表现有三：一是机制灵活、决策高效，适应市场和社会需求。民办高校是在市场经济条件下产生并发展起来的，它最了解市场的需要，对市场反应最为灵敏，顺应时代的变化而变化，社会需要什么人才，市场需要什么人才，民办高校就培养什么人才，这是其具有强大生命力的基础。同时，民办高校灵活的办学机制、充分自主的教育管理权，为顺利适应社会变化提供了有力的保障。二是具有较强的竞争内驱力。民办高校发展同办学者及教职工的物质利益和社会地位密切相关，因此，民办高校在求生存、促发展上比公办高校有更大的积极性、主动性，具有强烈的提高教学科研质量、建立名牌学校的愿望，这就客观上为民办高校的发展带来了较强的内驱力。三是能够借鉴国外私立学校的成功经验。虽然民办高校成立的时间都较短，无论在学校内部的宏观管理上还是在微观的具体运作上都缺乏可资借鉴的经验，但国外很多民办高校的成功办学模式和管理经验为

我国民办高校提供了可参考的成功经验。

民办高校可利用这些优势，打造品牌，变劣势为强势，形成核心竞争力。首先，民办高校应充分利用办学机制灵活、自主权较大的优势，创建多元办学模式，借助外力发展自己，促进教育资源优化配置，以弥补实力不强或办学资金不足的状况。

三、我国民办高等教育发展的特殊性及其特征

我国民办高等教育具有世界私立高等教育共有的属性和特征。在具体的、历史的发展情境中，在特定的政治、经济、文化等诸因素影响下，它也有着不同于世界主要国家的本土化特征。我们应该看到这些特殊性的存在。分析我国民办高等教育发展的特殊性，有助于我们更加深刻地认识现阶段民办高等教育发展实际背后所蕴含的价值取向、文化传统、现实情境，从而在此基础上提升民办高等教育政策制定的合理性。

（一）私立高等教育发展的一般性与特殊性

1. 私立高等教育发展的一般性

这种一般性特征主要体现在以下几点：第一，私立高等教育公共化。从发展趋势来看，公立与私立高等教育的界限已日益模糊。公立高等教育经费来源日益多样，政府公共财政占办学经费比例已降低到一个较低的比例。私立高等教育已开始接受越来越多的政府公共财政资助，私立高等教育的公共化正逐步发展成为一种一般性特征。第二，私立高等教育优质化。从世界主要发达国家来看，私立高等教育的发展已取得巨大成就，涌现出了一批引领世界高等教育发展潮流的私立高等教育机构。这些机构往往能提供优于公立高等教育的品质，私立高等教育呈现出优质化的一般性特征。第三，私立高等教育的灵活性。与公立高等教育机构相比，私立高等教育的发展具有较为灵活的体制机制，往往有着不同于公立高等教育的创新和探索精神。第四，私立高等教育使命的一致性。从世界范围来看，不管私立高等教育的发展历史、文化传统、政策、管理制度等有多么大的差异性，其为所在国家和社会培养高素质人才、服务于国家和区域经济和社会发展的核心使命是一致的。

2. 私立高等教育发展的特殊性

这种特殊性主要体现在以下这些方面：第一，产生背景和发展历史的特殊性。由于各国具体情境的不同，私立高等教育的产生背景与土壤也往往不尽一致。有的国家具有深厚的私人办学传统，有的国家私立高等教育则一直处于相对弱势的地位。私立高等教育发展的历史在不同的国家也表现出迥异的特征，有的国家私立高等教育发展延续了历史文化传统，有的国家则由于特定时期经济社会发展环境的剧变，私立高等教育发展出现了历史的断裂。第二，私立高等教育管理制度的特殊性。由于各国政治体制与经济体制的不一致，执政党对于高等教育的政策也差异较大，反映在私立高等教育领域就是对于其管理制度的差异。在外部管理制度、内部治理结构、评估管理制度等方面，不同的国家往往表现出相应的特殊性。第三，发展模式和程度的特殊性。不同国家私立高等教育发展的模式具有较大的差异，即使在同一国家，私立高等教育发展模式也是多样化的，呈现出较大的差异性。

（二）我国民办高等教育发展的特殊性

1. 发展过程的特殊性

我国民办高等教育在发展过程中所表现出来的特殊性主要是曲折性与中断性。我国具有悠久的私立高等教育历史，但是现今民办高等教育的发展与历史上的私学教育传统并没有直接的历史继承性。曲折性表现在民办高等教育在历史发展进程中既有快速发展的时期，也有极度萧条的时期，发展过程表现出一定的波动性和复杂性。中断性表现在中华人民共和国成立以后随着经济体制的改革，高等教育管理体制随之变迁，私立高等学校收归国有或并入公立高等学校。

2. 发展环境的特殊性

在社会转型与经济制度变迁的背景之下，我国私立高等教育开始重新获得发展，但是与其他国家不同的是，这时的私立高等教育发展面临着特殊的发展环境：首先，在强大的公立高等教育系统背景下萌芽和发展。我国民办高等教育的发展与西方主要国家的私立高等教育发展不同，主要是因为它是在一个强大的公立高等教育系统背景下萌芽和发展起来的。我国民办高等教育出现之时，公立高等教育的规模已经相当庞大，即使是经过近几十年的发展，民办高等教育事业也取得了巨大的发展，但不论是在发展规模还是在发展质量上，与公立高等教育比较起来仍然是相形见绌。其次，在艰难的外部竞争环境中发展。民办高等教育是在改革开放的大背景下兴起和发展的，由于受到特定时期经济、文化等因素的影响，人们的观念和对旧制度的路径依赖，导致我国民办高等教育一直处在一种艰难的外部竞争环境中发展。最后，在相对不完善的政策法规制度环境中发展。民办高校具备我国法律关于法人成立的条件，具有独立的法人地位。但目前我国法律对法人的分类还不能囊括民办高校这类新出现的法人。我国现行法律框架中没有按照民商法的原理设置民办高校的法人财产所有权，转投资、抵押担保等行为受到一定程度的限制。这种不完全的法人财产权对于必须完全凭借自身在市场竞争中立足并谋求发展的民办高校来说，无疑是不利的。

3. 发展方式的特殊性

第一，投资办学的发展模式。从世界私立高等教育发展的历史来看，捐资办学在许多国家占据主流地位。而我国民办高等教育的兴起和发展却与世界上其他国家不同，在一开始走的就是投资办学的道路。我国民办高等教育的最初举办者绝大多数都是利用市场机制，以较少的资金投入，从举办培训班或开展自学考试助学等做起，再逐步过渡到学历教育的。第二，外延式的发展道路。我国民办高等教育发展至今，走的基本上是一条外延式的发展道路。大多数的民办高校都是依靠滚动发展模式发展起来的，扩大办学规模、完成学校基本建设、改善办学条件成为众多民办高校在现阶段寻求的办学目标。由于学费成为现阶段我国民办高等教育发展经费的主要来源，民办高校想要获取更多的发展资金，就必须扩大招生规模，以增加收入，除少量民办高校在短时间内实现规模扩张，已形成规模效应，学校得以良性循环，开始注重内涵建设，致力于建设高水平民办大学外，我国民办高校从整体上来看仍然处于靠扩大办学规模以求生存的发展阶段。第三，模仿公办高校的办学模式。前文述及我国民办高等教育的发展是在一个强大的公立高等教育系统中萌芽和发展的，可以说是"白手起家"，要想获得政府和社会承认，模仿公办高校的办学模式成为不二选择。加上民办高校的首批创建者多是从公办高校退休的人员，他们所聘请的办学者及教职人员也多是公办高校的教师，这也就使得民办高校很容易走上一条模仿公办高校办学模式的发展道路。

4. 发展资源的特殊性

第一，短缺的经费资源。在我国学费收入占据绝对主体，经费资源短缺已成为制约我国民办高等教育发展的关键性问题。民办高校接受社会捐赠的机会和额度都非常有限。第二，频繁变更的校名资源。校名作为民办高校发展的重要资源，在我国特定的环境条件下，也具有其特殊性，即校名变更频繁。

5. 发展能力的特殊性

发展能力的特殊性主要体现在发展特色不显和缺乏核心竞争力上。我国民办高等教育历经几个发展阶段，已取得巨大的发展成就，也可以说，正走着一条求生存发展的道路，也是一条逐步确立合法性并不断突破与发展的道路。民办高等教育的体制机制的优势尚未充分地发挥其优越性，并未给民办高校带来发展优势。民办高校要发展，必须掌握和拥有资源。我国民办高等教育发展的能力不足，突出地表现在发展所需要的资源严重短缺上。

6. 内外部管理结构的特殊性

第一，"家族式"管理占据重要地位。在我国民办普通高校中，大部分都属于家族式管理。第二，内部管理呈现受利益集团控制特征。我国民办高校管理形式以"董事会或理事会制定决策"和"校长执行政策"为特征。第三，党团系统辅助确立政治合法性。

7. 发展结果的特殊性

发展结果的特殊性主要体现在发展区域性特征显著、地位不高与影响相对有限等方面。我国民办高等教育发展呈现出一定的非均衡性现象和区域性特征。总体来看，拥有发达民办高等教育的区域集中在经济欠发达地区和经济发达地区。民办高等教育发展初期，地方政府在教育政策上从多方面给予支持与鼓励，随着民办高等教育的发展和时间推移，地方政府从教育政策上对民办高校的发展加大了管理、保障与扶持力度，从而形成了我国民办高等教育发展所呈现出的显著的区域性特征。

第二章 民办高校的教学体系

民办高校在办学过程中需要同时考虑社会需求和学生个体需求的基础上，充分利用自身办学灵活、市场适应程度高的特点，紧贴市场、精准定位、特色办学，以满足市场和学生的需求，在愈发激烈的竞争市场上站稳脚跟，拓宽发展空间。

第一节 民办高校学科专业设置的改革

一、民办高校学科专业结构的现状

高等学校的学科专业结构对高等学校的办学规模、办学质量、办学效益，以及人才培养规格具有决定性作用。我国高等教育领域中异军突起的民办高校，由于直接面对市场竞争，加之办学条件、生源质量等先天不足的原因，科学合理地设置学科专业，更是其生存、发展的基础。

（一）民办高校学科专业设置的基本现状

高等学校的学科专业设置，就是高等教育部门根据科学分工和产业结构的需要所设置的学科专业，它是高等学校人才培养规格的重要标记，在高等教育改革和发展中发挥着举足轻重的作用。

我国专科层次的民办高校，其专业设置的审批主要在各省教育主管部门。因此，各民办高校的专业设置具有较大的自主权，能够根据学校实际，积极主动地面向市场，充分发挥自身办学的自主性和灵活性优势，在不断调整传统专业的基础上及时设置一些社会急需的热门专业。

一方面，除了哲学、历史学、农科类专业、工科和医科类的专业极少外，其他科类的专业都有所设置；另一方面，民办高校特别倾向于设置一些社会热门专业，如外语类专业、财经类专业、信息与计算机相关专业以及法律专业在民办高校最为"走红"。我国本科层次民办高校的专业设置，与公办本科高校一样，必须严格按照教育部颁布的本科专业目录设置专业，本科专业设置的审批权集中在教育部，各高校只能在专业方向上根据市场需求和学校的实际条件做适当的调整。申报本科新专业，必须由教育厅审批报教育部备案。可见国家对本科专业的设置处于较严格的监控中，专业设置的自主性和灵活性受到很大的限制，这在一定程度上也制约着民办高校的本科新专业的开发。

民办高校学科专业科类结构具有明显的一些特征：

1. 实用性专业占优势，纯学科性专业较少

自主就业的实施，使就业前景好或就业后薪酬较高的专业受到学生与家长的青睐。许多民办高校为了招生，很大程度上迎合了家长的这一需求。从市场角度分析，这也是市场规则作用的结果。在发展初期，诸如涉外语言、财经贸易、工商企业管理和房地产营销等专业备受欢迎，几乎每个民办高校都设置了上述相关专业，而一些纯理学或当时相对受到冷落的工学等专业则少人问津。这一情况满足了社会需求，但由于缺乏宏观控制，公办、民办高校一哄而上，导致了大量热门专业的重复设置，使某些专业的人才短时间内供给过剩，毕业生就业非常困难。

2. 在民办高校发展初期，专业科类结构主要以人文、社科和经管类等应用性专业为主，这一状况一直延续至今

按照理工科与人文社科两大类专业划分的标准，对我国几所最早的民办本科院校的本科专业结构状况进行了统计。这几所民办本科院校是我国民办高等教育发展的典型代表，其中的本科专业均是各民办高校专业中办学历史较早、力量较强、经教育部审批备案可招收本科学生的专业，在很大程度上反映了我国民办高校科类结构的现状。从数据统计可以看出，这些学校本科专业共有106个，其中，人文社科类专业有77个，占到72.64%，工科类专业共有29个，占到27.36%。其中，浙江树人大学的工科类专业比例最高，为50%；而吉林华桥外国语学院是一所语言性的单科性学院，从其校名可以判断其专业建设的定位，它没有设置工科类专业。然而，各校的人文社科类专业的比例却比较高，一般都在60%～80%（不包括吉林华桥外国语学院）。黑龙江东方学院人文社科类专业的比例最高，达到85.71%。这一数据反映了我国最早一批民办高校办学初

期学科专业结构的状况，也反映了我国民办高校学科专业建设中还未改变人文社科类专业占绝对优势的不平衡状况。

我国民办高校的学科专业结构具有三个基本特征：第一，科类结构不平衡，人文社科类专业偏多，理工类专业较少；第二，发展"短、平、快"的热门学科专业，有利于民办高校本身降低办学成本与持续发展；第三，由于各校均发展热门专业，热门专业重复设置现象比较严重。

虽然受制于现实，但是最近几年来，民办高校的科类结构较前几年得到了拓展和丰富，一些高校瞄准市场，建设新的学科专业，部分民办高校的综合性建设取得成效，理工科类与基础性的学科、专业逐步增多。根据对浙江树人大学、黄河科技学院、三江学院和东方学院等一些早期发展的民办高校专业设置情况的调查，一方面，专业设置更趋地方化、应用化，另一方面，开始较大幅度地发展工科教育，他们的工科专业比例已经达到或接近总专业数的一半。这几所民办高校的共同特点是紧密结合地方经济发展对人才的需求，紧紧围绕市场需要设置相应的应用性专业，向天地广阔、需求量大、实用性强的工科拓展。

（二）民办高校专业设置中存在的主要问题

我国民办高校专业设置方面具有适应性、灵活性、超前性和开放性的优势。以浙江树人大学为例，学校刚创办时就设置了国际贸易、工商管理专业，随后又设置了风景园林、家政等专业，这些专业在当时浙江省乃至全国都是领先的。但是，综观全国民办高校专业设置的现状以及外部环境，我们认为，民办高校在专业设置方面还存在不少问题，主要表现在：

1. 专业设置缺乏深入的市场调研和严格的科学论证

在专业设置过程中，缺乏广泛深入的市场调查研究，市场前景分析不够充分，培养目标定位不够准确，市场需求预测缺乏足够的依据，这是目前普遍存在的问题。从专业的提出到专业培养目标的确定、教学计划的制订，基本上是利用收集到的有限资料"闭门造车"，很少采用"走出去，请进来"的办法对新设专业进行严格的科学论证，专业教学计划存在着严重的先天不足。

2. 专业设置不顾学校现有的办学条件，带有一定的盲目性

我国绝大多数民办高校成立时间不长，规模不大，效益不高，通过快速地

发展新专业，以扩大办学规模，提高办学效益，本无可厚非。但有的民办高校在专业建设过程中缺乏总体规划，专业的近期和远期发展目标不明确，看到或想到什么专业热门，就申报什么专业，专业设置带有很大的随意性和盲目性。每年申报专业时，有些院校在数量上求多，但申报成功的专业却只是少数。与其这样，倒不如集中有限的人力、物力和财力申办几个高水平的专业，要特别注重专业所需的师资队伍、实验设备和图书资料等教学条件方面的筹备工作。

3. 专业设置过于雷同，缺乏特色，并且偏重低成本专业

民办高校的专业大多依从学生未来的择业需求和社会经济建设的人才需求而设立，这种做法对改变以往高校忽视社会需求的专业设置状况无疑是一种进步，但也有其弊端，即专业设置往往雷同，不注意考虑形成自身的特色，不顾自身的办学条件、师资水平，一窝蜂地追随社会热点。例如，几乎每所民办高校都以发展外语类、计算机类、经贸与财会类等社会热门专业为办学重点。虽然法律规定民办高校不能以营利为目的，但作为面向市场、自主办学、自我发展的独立办学主体，民办高校在专业设置上往往以办学成本较低的专业为优先考虑对象，重视投入产出，尽可能降低办学成本，较少考虑专业设置结构的合理性。如文科类专业和其他实验设备要求较少的理科类专业的设置最为普遍。

4. 专业设置的布局不尽合理

绝大多数民办本科高校都把社会和家长认为最具就业前景或最能"挣钱"的专业，作为学校专业设置的首选，如财经类、外语类、信息与计算机类、工商管理类专业，造成民办本科高校专业布局总体上的不合理，各个学校之间的差别远不像人们想象的那么大，办学特色不明显。另外，几乎所有民办本科高校都放弃或忽视以研究为导向的人文科学、社会科学和自然科学等基础性专业。哲学、历史学、社会学、理论经济学、数学、生物学、物理学这些一般本科高校中不可或缺的学科专业，在目前的民办本科高校招生专业目录中完全看不到。另外，投资大、风险高、见效慢的医学类专业，被社会上称为招不到学生的、艰苦的、冷门的农学类专业，同样在民办本科高校招生专业目录中也找不到，因此造成了民办本科高校专业布局的严重失衡，影响了民办本科高校的可持续发展。

（三）民办高校科类结构形成的主要原因

我国民办高校科类结构的形成有其特定的历史原因，它适应了当时我国社会经济发展的状况，也适应了民办高等教育发展的初级阶段。

1. 市场意识的体现

产业结构是制约高校学科专业建设与发展的一个重要因素。民办高校发展的初期正值我国第三产业兴起，市场对人才需求旺盛的时期，高等学校中与第三产业相关的专业成为热门专业，备受家长与学生的青睐，而这些专业大多为经济管理等文科类专业。民办高校及时瞄准市场，找准切入口，充分发挥市场机制，积极发展第三产业所需要的专业，培养相应的人才，体现了民办高校机制灵活的特征和贴近社会需求办学的市场意识。

2. 参与竞争的需要

民办高校办学初期，受办学实力限制与公办高校挤压的影响，民办高校必然要避开公办高校实力较强的传统专业。当时公办高校中与第三产业相关的专业设置较少，而且受国家计划管理和经费投入的影响，专业转换难度较大。民办高校设置此类专业，能够避开公办高校的办学优势，占据市场。

3. 发展实力的制约

民办高校发展初期办学条件相对较差，社会认同度较低，资金严重缺乏，绝大多数学校处于滚动发展的状态。例如，早期设置的民办高校，其发展经历了高考复习办班、学历文凭考试助学和普通学历教育等三个阶段，而前两个阶段的办学成本是最经济的，这样的办学思维自然也延续到了普通学历教育的今天。由于文科类学科专业的办学成本相对较低，不需要建设太多的实验室，适合民办高校发展初期投入少、成本低的要求，有利于学校资金积累和滚动发展，自然就成了尚处于发展初期阶段民办高校的首选。

4. 师资队伍的组建

民办高校办学初期，主要聘用公办高校的兼职教师。在教师的聘用和管理上，与工科类的教师相比，人文社科类专业教师在时间上更灵活，很少受到实验、现场教学等因素的制约，管理相对比较方便。因此，民办高校很好地利用了这一资源空间，通过特聘、专聘、返聘等形式，聘用公办高校在职的人文社科类专业的教师，解决了起步阶段教师队伍不足的困难。

5.实利主义与实用主义思想的影响

招生是民办高校生存的第一要素。许多民办高校为了招生，迎合家长与学生的需求，采取实利主义或者实用主义的价值取向。在人文社科类的专业中，财经类专业非常热门，工商企业管理、国际贸易、金融、外语等专业是实现学生与家长追求的最热专业平台；在工科类专业中，主要是与计算机、电子信息相关的专业非常"热"。实用、实惠、能挣钱成为家长鼓励子女选择这些专业的强大驱动，好招生、好就业、市场需求旺盛则是学校开办这些专业的主要原因。

二、民办高校专业设置改革的基本思路

（一）民办高校专业设置改革的原则

我国民办高校的办学层次主要以专科教育为主，而专科层次的民办高校又主要以举办高等职业教育为主，因此，其专业设置具有很强的高等职业教育特征。但是，不可否认的是，目前，我国民办高校的专业设置大多沿袭了公办高校的专业设置。究其原因，除了我国教育体制计划经济的制约因素外，与从事民办教育的人员大多来自公办高校不无关系。但令人遗憾的是，传统专业所沿革的是传统的学科分类，所考虑更多的是专业的精准，课程的模式大多是知识本位，没有顺应社会的需求和市场的调剂，难以实现与人才市场的对接。现在毕业生改行的很多，许多毕业生并没有从事自己的专业，学校煞费苦心为学生们设计的专业课，在学生毕业之后并没有在所有人身上派上太大的用场，这种状况必须予以改变。

但是，民办高校的专业设置到底要按照什么样的指导思想来进行，首先，是国家的经济建设和社会发展的状况，尤其是本省的经济、社会发展的需要，按照人才需求的状况来考虑专业设置；其次，把目前高等学校，尤其是本省高校专业设置的状况和专业设置的指导思想作为借鉴；再次，就是根据民办高校的实际，尤其要借助学校原有专业设置上的优势。并据此，他提出了专业中需要把握的几个原则：第一，以"三个面向"为指针，以社会需要为导向；第二，设置一些较宽口径的有发展前景或能形成多个专业方向的专业；第三，创建几

个浙江省首创的专业，或者说"人无我有，人有我特"的专业；第四，有利于原有一些专科专业的改造或提升；第五，有利于与境外联合办专业。

有学者对民办二级学院的专业设置原则进行了研究，提出了"专业设置要有前瞻性；专业设置要考虑应用性；要克服专业雷同、没有特色的不良倾向；要克服过分追求经济效益的不良倾向"。有研究也指出，在专业设置中必须处理好的几个关系，即"学校效益与品牌的关系，专业传统与创新的关系，人才精专与通识的关系，学生能力与潜力的关系"。

借鉴众多高校的经验，结合民办高校的基础条件和特点，我们认为，民办高校专业设置应涵盖以下一般性的原则：

1. 根据人才市场的需求设置专业

民办高校与公办高校相比，更应该注意考虑市场的需求，因为民办高校主要靠自身滚动发展，如果专业设置不能以市场需求为导向，不能根据当地产业政策的要求和产业结构的变化开设专业，那就不能为社会输送适销对路的人才，也就意味着自我灭亡。因此，民办高校应灵活主动地适应市场需要，根据人才市场的需求来设置专业，从而才能保持专业的生命力。劳动力市场需要什么类型的人才，就培养什么类型的专业人才，其专业类型主要由学校选择，在专业设置的策略方面可以一定程度地体现"先上后稳、逐步完善"的思想。

2. 根据未来的发展趋势设置前瞻性专业

在专业的设置上，适应社会的需要是关键，但适应不是被动地跟着社会跑，而应站在学科和人才需求的前沿，让专业设置具有一定的前瞻性。为此，民办高校必须提前进行科学的预测和调研，科学地预测来自于对经济和社会发展趋势、科技发展走向对职业岗位要求的变化，以及人才需求变化的周期性规律的把握，超前设置相关的应用性新专业，尤其是学科交叉的应用性新专业，以抢占人才市场的制高点，拓展新专业的发展空间。

3. 根据学校的可行性设置专业

民办高校在专业设置的可行性分析上，主要考虑两方面的因素。其一是基本的可能条件，即校内条件，如校内相近专业开设情况、相关师资、实验室等；其二是借用可能。民办高校在专业设置时要考虑市场需要与自身可能协调关系，但同时也要强调在具备基本条件的情况下，借用其他外部条件发展。比如，可以借用业界的力量，如兼职教师、校外实习基地和合作培养单位等。通过对校内外可能因素的分析，我们可以总结出专业设置可行性的大小。

（二）民办高校科类结构改革的新动向

1. 从产业结构的变化和人才需求看专业发展

首先，随着知识经济的进一步渗透，产业结构不断地调整与升级，社会发展中行业经济对于人才的需求有了新的变化。传统工业技术产业的复苏与发展对人才提出新的需求，以制造业为代表的工业发展加快，国外许多制造业迁移到中国，在经济发展中占据较大的份额，一些地区纷纷加大先进制造业发展的力度。制造业的复苏和兴起，对人才培养提出了大量需求。

其次，新技术、新工艺、新材料的发展，对工科技术人员提出了新的需求。随着科学技术水平的不断提高及应用范围的不断拓宽，传统产业结构不断得到调整与升级，如传统产业中的机械行业、材料行业、能源交通行业等不仅对行业专业人才需求旺盛，而且对与生产相关的信息、工程管理等专业人才也有很大的需求。据中国教育网报道，未来的十大热门行业分别为：电子信息类、生物技术类、现代医药类、汽车类、物流类、新材料类、环境能源类、管理类、法律类与营销类。其中，工科类相关专业占了 60% 左右，这预示着未来产业结构调整的方向，也预示着行业经济对工科专业人才的需求。

最后，从人才市场的需求来看，由于几年来的发展，一些文科专业重复设置和人才过多培养，许多文科毕业生需求基本饱和，此类专业的毕业生就业越来越困难。国家教育行政部门曾专门下文限制部分专业招生，其中，绝大多数是文科专业；在各地教育部门公布的限制设置招生的专业主要也是文科专业。与此同时，一些应用类工科技术专业的毕业生出现了供不应求的状况，就业市场需求旺盛。这虽然在很大程度上受产业结构调整的影响，但是，就业市场信息对于民办高校生存发展及其学生就业是一个更为直接的信号。

2. 从民办高校内部看加快调整专业结构、发展工科专业的必要性

首先，知识经济的发展和高等教育大众化的深入，对人才培养提出了更高的要求。通识教育、文理渗透、综合素质培养已成为高校人才培养的新课题。

从专业设置的定位来看，民办高校主要以培养应用型、复合型人才为目标，学科专业之间需要交叉渗透。民办高校的人才培养不仅需要适应外部社会经济与市场的需求，也需要专业科类之间的相互渗透，形成一个相对平衡的科类结构。事实说明，适当发展工科类教育，有利于改善人才培养的知识结构，从而提高人才培养的整体质量。

其次，民办高校要发展规模，也必须发展工科专业。规模是民办高校发展的重要因素，没有规模就不会有效益。规模的发展需要有一定数量的专业支撑，向工科发展，可以拓宽专业的设置思路，从而拓宽整个学校的发展思路。

最后，民办高校竞争实力的增强，具备了逐步发展工科教育的条件。民办高校办学初期，办学经费困难，条件相对较差。随着经济的发展和高等教育市场化的影响，部分起步较早的民办高校较好地完成了资本的原始积累。后续发展的民办高校则通过资本运作甚至负债经营的方式办学，加快办学硬件建设，实验设备的投入也大幅增加。

3.民办高校发展工科教育的对策

第一，加大专业设置的自主权。民办高校要面向市场需求，及时了解市场信息来调整自身的学科专业结构，因此，它在专业结构调整方面应具有相当大的自主权。然而，在民办高校专业设置过程中，必须经过主管部门的层层审批，教育行政部门往往用管理公办高校的传统模式来要求民办高校，致使民办高校在专业设置自主权方面受到限制。因此，有关部门应该从战略的高度来认识民办高校发展工科教育的重大意义，给予民办高校在工科专业设置方面更多的自主权，充分发挥民办高校弹性灵活的市场机制。

第二，准确的目标与定位。我国的民办高校以面向地方经济与文化发展、适应市场人才需求为主要目标培养各行各业的人才。因此，发展工科教育必须充分考虑到地方经济对工科专业人才的需求，了解区域经济资源的布局与类型，充分考虑地方经济的发展方向，以确保学科专业的生命周期。各民办高校的发展历史、区域环境、发展道路等各不相同，其不同的定位、学校类型与层次也决定了发展工科教育模式的多样化。总体上来看，民办高校要将学校现有的学科专业建设与工科专业建设结合起来并进一步拓展，形成"以学校定位为中心、区域经济与市场需求为导向、现有工科学科专业为基础"的工科教育发展原则，寻找适合自身发展的工科教育发展道路，建设具有特色的工科学科专业，为区域经济的发展服务，谋得自身更大的发展空间。

第三，加大工科学科专业建设的经费投入。发展工科教育往往需要实验室、实验教学设备与仪器等的大量资金投入，并且工科类学科专业的建设周期相对较长，从经济学"成本—收益"的角度分析，短期内收益率不高。但是，民办高校的管理者要转变观念，要看到民办高等教育不平衡的科类结构现状，看到工科教育在民办高等教育中的潜力，积极采取多种投入方式（如银行借贷、资本运作等），扶持有前景的、与地方经济相适应的工科类学科专业的发展，改变民办高校薄弱的工科教育现状。

第四，根据工科类学科专业师资队伍比较薄弱的现状，民办高校要从四个方面加强建设。一是根据工科类学科专业的建设需求，积极引进学科专业带头人；二是加强本校工科类专业教师的培养与进修；三是聘请其他大学、企业的专家、教授对学校工科类学科专业的建设进行指导；四是外聘一些工科类学科专业教师到校任教，加强教学力量。从师资管理角度上来说，学校要形成"以人为本"的竞争激励机制对工科类学科专业的发展要有倾斜，在薪酬、职称、学科带头人与骨干教师评审等方面要有自由宽松的竞争环境，对在教学、科研与学科建设方面有成果的个人与单位要进行表彰奖励。

第五，转变管理观念，以"产学研"合作为纽带，加强校企合作。一方面，学校领导必须转变观念，发挥民办高校弹性灵活的内部管理体制，转变部门职能，推进并理顺二级管理关系，扩大二级学院（系）的办学与管理自主权限，以利于工科类学科专业在市场机制的推动下自主发展；另一方面，有关学院（系）要发挥自身的能动性，积极开展教学、学术研究与社会实践服务活动，以"产学研"为纽带，加强与企业的联合，加强横向的科研项目、产品应用、人才培养、基地建设、创业与发展、服务项目等方面的合作，以多样化的合作形式推进工科类学科专业的发展。

总之，在当前的社会经济与就业市场的需求背景下，民办高校应该平衡内部人文社科与工科教育的科类结构，发挥体制优势，克服资金投入、师资队伍

等方面的障碍，转变管理观念，加强制度创新，实施相应的组织变革，积极发展工科教育，为民办高校进一步做强做大拓展更宽阔的空间。

三、民办高校的专业建设

（一）民办高校专业建设的作用

高校的中心任务是培养人才，人才培养的中心环节是教学，教学建设的核心任务就是专业建设。因此，以教学为主的民办高校更应将专业建设作为核心的、主体的工作。应用型专业建设对于民办高校的发展具有十分重要的作用。

1.应用型专业建设落实民办高校的办学定位

所谓办学定位，是指学校根据经济建设和社会发展的需要，根据学校自身条件在人才培养中的位置，确定学校在一定时期内的总体目标，培养人才的目标、层次、类型和人才的主要服务面向。民办高校的办学定位，应该是适应地区经济建设、社会发展和科技发展的需要，结合学校的实际情况，为地区现代化建设培养德、智、体、美、劳全面发展的高级应用型人才，以培养本专科学生为主，为区域现代化的生产、建设、管理、服务的基层提供服务。应用型专业建设是以教学为主的民办高校这一办学定位的最重要的具体体现。

2.应用型专业建设培养高级应用型人才

专业建设是人才培养质量的根本保证。专业建设的主要环节有人才培养方案的制定、课程设计与开发、教材建设、实验室建设、实习基地建设、教师队伍建设、教学模式设计、教学管理实施、教学改革等，应用型专业建设通过精心设计应用型人才培养的每一个环节，扎扎实实地实施每一个环节，切实提高应用型人才培养的质量。

3.应用型专业建设推动相应的应用型学科发展

高校专业建设需要跟踪社会对专门人才的知识、能力、素质结构的需求，确定人才培养方案，同时，专业建设不断对知识更新提出要求，需要将学科建设的成果及时充实到教学内容中。应用型专业建设对支撑专业的应用型学科在专业教师队伍、学科研究方向、科研成果与学科内容密切相关的课程内容等方面提出了新的要求，对学科建设起到了拉动作用。

（二）民办高校专业建设的指导思想和原则

1.民办高校专业建设的指导思想

专业建设的指导思想决定着专业发展的方向。不同的高校结合自身发展的实际提出了各自的专业建设思想。

针对民办高校，其专业建设的指导思想如何？通过广泛的调研和实践，我们认为，民办高校专业建设必须遵循"两个适应"和"一个符合"的基本要求。

"两个适应"，即一要适应科学技术本身发展的需求，二要适应国民经济与社会的需求，特别是要适应地方、区域经济的需求。

"一个符合"，即要符合高等教育本身发展规律的要求以及学校定位的要求。

为此，民办高校在专业建设中应特别注重三个"强化"。一是要强化优势，即要进一步加强学校原有优势专业的建设，使之在保持原有优势的基础上，进一步强化建设，优上加优。二要强化专业整合，即要经过合理调整与科学整合或重组，改变某些专业（学科）面过窄、缺少发展空间的状态，并最终使学校的专业结构合理、布局得当。三要强化专业群建设，着力发展以一两个主干学科为核心，由若干个学科组成且互相支撑的学科群。

2.民办高校专业建设的原则

（1）坚持体现民办高校办学定位的原则

以教学为主的民办高校的专业设置、布局和每个专业的人才培养方案、教学模式、教学内容，都应体现人才培养的应用型定位，专业建设所采取的措施应该都为了实现这个定位，以应用为本，坚持为地方经济社会发展培养适用人才。

（2）坚持专业、学科一体化建设的原则

专业建设、发展必须依托学科。学科建设可以提高教师的科研水平，教师可以将最新的科研成果融入教材中，并及时充实课堂教学内容，这极有利于专业办学水平的提高。对于民办高校来说，专业建设重要的是以应用为导向，充分发挥学科支撑专业建设、专业促进学科发展的作用，明确每个专业的支撑学科，增强专业的适应能力，坚持为地方或区域社会经济发展服务，面向行业、面向人才市场需要设置专业和办好专业。

（3）坚持突出特色的原则

民办高校最有导向性和最明显的特色是通过所办专业的特色反映出来的。而专业特色是由特定的师资、课程、人才培养途径等多项指标因素构成的。专业特色的形成，不仅在人才培养方面将发挥重要的作用，而且在提高专业的知名度和学校在社会上的声誉，增强学校的吸引力、凝聚力等方面，都有着重要的意义。

民办高校在专业结构布局上，必须根据社会对应用型人才的需求以及学校的实际学科、专业基础和建设能力，扬长避短，重点建设特色专业。每一个应用型专业，都应注重专业特色的挖掘和培育，逐步形成鲜明的专业特色，只有这样，才能形成学校应用型人才培养的综合优势。

（4）坚持培养人才综合素质的原则

民办高校应围绕应用型人才培养来定位，在专业建设的各个环节都应贯彻全面发展的人才观，坚持厚基础、宽口径、重应用，加强实践教学，加强道德、素质教育和能力培养，注重人才综合素质的提高。

（三）民办高校专业建设改革的路径选择

1. 注重调整专业结构

（1）调整和优化现有专业

随着国家产业经济结构的调整及传统产业的全面改造升级，与之相适应的传统学科专业，应赋予其体现时代特点的新内容。一是合并专业服务方向相近的专业；二是对传统专业采取改造与保护相结合的办法。改造办学基础好，但社会需求量明显减少的传统或长线专业，通过重新修订人才培养方案，改革人才培养模式，更新教学内容以增强学生适应性，提高专业的竞争力和办学活力；三是对办学条件差、专业面过窄、培养方向不明确、社会需求量少的专业，通过撤（撤销）、停（暂停招生）、缩（减少招生数量或隔年招生）、并（合并）、转（转向）等不同措施予以调整、改造和更新。

（2）加强重点专业建设

有计划、有重点地分级、分批重点建设、扶植一批学术水平高、师资力量强、教学条件好、教学质量高、社会经济效益和特色明显的重点专业和示范专业。

主要包括：在省内外同类院校中有明显优势的专业、能够适应地方经济建设和社会发展需要的专业、适应当前科技发展需要的新兴交叉学科专业以及具有发展潜力的能够成为学校新优势的专业。

（3）扶持特色专业的建设

特色专业是指在专业改革成果和建设水平在一个方面或几个方面达到较高水平的、人才培养具有明显特色的专业。特色专业是民办高校的标志性专业，是提高知名度和体现民办高校生存价值的重要载体。在专业结构调整中，对学校的每个专业都建成品牌特定专业是不现实的，应采取非均衡发展的策略，选择一些办学历史较长，具有一定办学特色和较高办学水平的专业进行重点建设、重点扶植，使之成为优势和特色专业。

2.加强专业内涵的建设

在专业的调整和设置的同时，应加强专业内涵的建设。民办高校应根据社会及科技发展的需要，进一步明确专业人才培养目标和规格，重新修订人才培养方案和教学计划，充分体现整体优化的原则，坚持教学计划的统一性与多样性相结合，科学性与稳定性相结合，打造能反映学校特色和水平的"名牌专业"。

（1）专业建设须涵盖的基本要素

专业建设的内容极其丰富，主要包括：专业（学科）名称、研究方向、内涵、特色、优势、省内外地位；学术队伍、学术带头人、方向负责人、梯队、层次、水平；教学、教改、人才培养层次、水平、教学计划、课程设置、教学大纲、教材（文字、声像）等；科研设计（开发）、项目、经费、获奖、专利、论著、国内外学术交流；实验室、工作室、设计室、校外实习基地等，图书馆图书资料等；管理、规章制度、文档等。

（2）深化教学内容和课程体系改革

深化教学内容和课程体系改革，是专业结构调整和人才培养模式改革的重点和难点。必须从高等教育的整体着手，有组织、全方位地改革教学内容和课程体系。在课程结构方面，应根据人才培养的类型和规格来确定课程结构，以学科专业发展的内在逻辑来组合课程，同时，要求与社会需求变化相适应。在课程改革方向上，应把握"整体性、综合性、应用性"原则，提倡课程设置厚

基础、综合化，力求课程整体结构优化，以利于学生从整体上掌握知识，促进学生应用能力的拓展。在课程内容上，大胆吸收当今科技发展的新成果，突出重点、难点，增加人文素质教育及实践技能课的分量；在课程设置上，多开设个性化课程，即学生可在一定范围内自由地选择符合自己兴趣特点或能力状况有利于发展个人特长的课程。

（3）实现教育过程从以教师为主体到以学生为主体的转化

对人才的培养应充分利用现代教育技术发展的成果，突破学校与课堂的时空限制，促进教学信息来源的多样化及教学方式的个性化，促进学生主动学习，提高学习效益。此外，要加强实践教学环节，走产学研一体化道路。培养学生的创新精神和创新能力不仅要通过课堂的教学，还要通过实践活动养成学生的创新品质和能力。为此，必须加强实践教学环节。如增加实践教学经费的投入和建设校内外实践基地、加强教师对学生实践教学活动的指导，减少验证性试验，增加设计性、综合性、创造性的实验，充分发挥第二课堂和社会实践的辅助作用，发展学生个性和特长，鼓励学生在教师指导下开展科研活动，引入本科生导师制等。

3. 完善专业建设的保障体系

专业建设不仅要求有序化，更需要科学化，涉及不同的方面或层面，只有与时俱进，才能常改常新，适应科技、社会发展的需要。

（1）确定管理目标

专业的调整和优化是一个系统工程，涉及教学、科研、学位管理、人事管理、设备管理、图书资料建设学术交流等大学管理的各个层次，而高校中各个有关部门和环节又是相对独立的。因此，专业建设中的协调工作是必不可少的，为保证学科专业建设各方面工作的协调，对学科专业建设应实行目标管理模式。

加强专业管理制度建设，制订各项细则，使管理制度在目标管理中层层落实，从而实现专业管理的科学化、制度化、规范化。同时，要制定相关的配套政策，为专业建设提供人力、物力、财力保障。

实行立项管理和项目负责制，滚动建设。为避免专业设置的盲目性和随意性，鼓励发展新兴、交叉、综合性学科专业，专业建设要实行立项管理和项目负责制，

竞争滚动发展。立项程序分为申报、评审和批准立项三个步骤。由学校学术委员会按公开组织、公正和公平竞争的原则进行，评审经学校批准后通过，再由主管部门与专业所在院（系）订立项目评选目标协议。

以评促建，评建结合。加强对新办专业的评估验收，是提高教学质量和促进学科专业、学科发展的重要环节。要严格对照《新专业建设基本要求》的标准，保证每个新专业的基本办学条件达标。评估的重点是人才培养方案制订和落实、师资队伍建设、教学基本建设、教学条件、教学效果和教学研究等六大方面。

（2）培育学科的生长点

长期以来，我国高校学术机构决策机制是一种从属性决策与个人决策相结合的机制，即学术机构的决策从属于学校行政决策，即使是在学术机构内部，也主要由各院（系、所）负责人决策。这种脱离了学术权力的内在支配而成为纯粹的行政意志，其决策的正确性不仅令人怀疑，而且难以得到支持和贯彻。因此，正常和健康的学科专业生长机制，应是集权与分权、集中与民主相结合的学术决策机制。应充分发挥学术机构的评议、监督和指导作用，学校新专业的建设规划、课程设置、学科建设等重要事项应提交学术机构审定，各级行政部门在专业设置和调整宏观决策过程中，听取和尽可能采纳学术机构的意见。

在专业管理中引入激励—竞争机制，有助于专业的自我发展。激励—竞争机制是一系列旨在从根本上促进学科专业建设的自觉性和主动性、奖优罚劣的制度安排，在专业建设中更好地贯彻"奖优、促差、汰劣"的原则，不断地推动民办高校专业建设的优化和升级。

第二节 民办高校的学校课程设置

一、民办高校课程体系的现状

课程是教学工作的落脚点。现代大学的课程体系构成了实现人才培养目标最基本的知识框架，人才培养的规格和模式最终通过课程体系的构建和教学来实现。因此，课程体系体现了办学者对社会政治、经济、科技以及文化等在大学教育中对人才知识结构要求的认识，它直接关系到人才培养的质量和特色。

一所名牌高校的课程设置，往往有自己鲜明的特色。正因为如此，许多高校领导对课程设置都十分重视。

我国民办高校由于发展历史较短，其课程设置又有新的特点，并且其课程设置受到以下两方面影响较多：一方面，办学者及主持课程设计的教师大都来自公办高校，整个教学系统的设计受到传统模式的严重制约，照搬照抄公办高校课程体系的较多；另一方面，民办高校专业的设置和课程体系的构建较多地考虑市场因素，教学设计更多地受市场机制的影响。这两个因素，使民办高校的课程设置具有自身的显著特点。

首先，民办高校课程体系受公办高校的影响深重。我国民办高等教育的恢复发展，最初是一批公办高校退休教师发起和参与创建的，教师和管理人员大都是从公办高校退休或从在职人员中聘用的。时至现在，从公办高校聘用校长、教师和管理人员已经成为民办高校办学的主要模式。这在一定程度上解决了民办高校人才的不足，帮助民办高校克服了管理中的问题，提高了民办高校办学的知名度和认可度，同时，也自觉或不自觉地将公办高校的传统办学思想和教学构建带到了民办高校，从而使很大一部分民办高校的发展受到公办模式在管理、科研、教学等方面的影响。尤其是实行普通全日制教育的民办高校，很大程度上受到这种状况的制约，有的甚至直接搬用公办高校的课程设置模式。从办学实际来看，由于公办高校受到我国集权体制的制约，课程结构比较单一，同一专业的课程设置大体雷同。而民办高校的办学定位、培养目标、专业面向和学生生源等办学因素与公办高校有诸多的差异，公办高校的课程体系在民办高校中实施遇到许多困难和矛盾，给民办高校人才培养带来了新的问题。

其次，实用性、职业性课程偏多。在高等教育大众化不断深入的背景下，能够招到学生和学生毕业后能够就业是生存发展的重要基础。许多民办高校办学者认识到，必须面向市场办学，在服务社会中求得生存和发展。市场环境需要大批生产、服务和管理一线的实用性人才。为适应市场需要，民办高校的办学理念、办学模式、学科和专业设置，都尽量地面向应用、面向实用。民办高校的专业设置多是一些热门专业或短线专业，市场对这些人才有着强烈的需求。从课程体系上看，市场机制模式也导致了民办高校课程体系中实用性课程、应

用性课程占据绝对优势的状况，民办高校人才培养目标的功利性、实用性、职业性的价值取向十分明显。

最后，通识性与基础性课程比例偏小。由于民办高校的功利性及过度依赖市场机制调节，通识性课程与基础性课程在其课程体系中的比例较小。虽然教育部在专业调整中强调"宽口径、厚基础"，但是对于民办高校而言，这与课程的功利性、实用性、职业性的价值取向显然存在着矛盾。由于基础性课程耗资巨大、成本较高，对于学生就业的影响又不十分明显，在大多数民办高校中，哲学、历史学、文学、数学、物理学等通识性、基础性的专业很少，这类学科的课程在整个课程体系中所占的比例偏小。从市场角度分析，民办高校的通识性课程与基础性课程建设薄弱是自然演变的结果，但是却有悖于人发展的基本规律。例如，人文课程在民办高校课程体系中缺乏应有的重视，许多文史哲类的课程都被忽视。然而，人文主义课程对于通识教育的实施是非常重要的，民办高校通识性与基础性课程的缺失，让我们看到了中国民办高校教育的不平衡性与狭隘性。

二、民办高校课程体系改革的理论基础

"什么知识最有价值""应该教给学生什么样的知识"，这是高等教育改革永恒的话题，也引导着课程理论研究与实践的发展。基于不同的知识价值观，对于上述问题的不同回答形成了不同的课程理论。从历史的纬度分析，这些知识价值观有基于政治主义、社会职业与经济、科学技术、人文主义以及文化主义等等，于是就形成了课程的政治价值论、社会本位价值论、科学主义论、人文（人本）主义价值论，以及文化主义价值论等。但是，各种课程价值论在不同的历史阶段交替或者同时，成为课程理论的主流，在很大程度上取决于历史与社会现实所赋予的价值追求。

我国大学课程价值取向的变化与社会政治经济形势的变化具有密切的相关性，经历了一个曲折发展的历程：第一阶段是对大学课程政治价值的赋予和膜拜，第二阶段是对大学课程经济价值的认可与追求，第三阶段是对大学课程文化价值的思考与关注，第四阶段是对大学课程人性价值的呼吁和倡导。除非常时期之外，总体而言，我国大学课程价值取向基本上是与政治、经济、文化的

实际情况大致相适应的。当历史进入 21 世纪的时候，我国高等教育本身也进入了一个新的发展阶段，那就是大众化时代。

精英时代的高等教育，不存在因学生就业产生对高等教育发展的外在压力，学校对专业和课程的设计没有外力的驱动。而大众化教育时代的到来，已经在人才的培养目标、教育质量标准、教育价值取向等方面发生了重要的变革。因此，课程体系也要随之进行重构。

第一，课程价值目标既要适应功利主义与实用主义的价值追求，符合市场导向，同时，也要保持高等教育的人文主义功能，做到科技实利主义与人文精神共存。

第二，课程体系要适应高等教育大众化过程中多样化的特征，课程内容、结构多样化，适应多种需求，在结构上具有弹性，内容上具有包容性，不能一概排斥功利性的课程内容，也不能一概守护大学传统主义的圣地，要求课程体系走向开放。

第三，课程体系中要融入文化性的内容，这种文化性的内容实则与通识性的内容在某种意义上是一致的。高等教育大众化须提升到文化的层面上来，最终才能避免将大众化简单地视为功利主义和实用主义的历史重现。

民办高等教育在我国高等教育大众化进程中扮演着重要角色，是促进高等教育走向竞争与繁荣的生力军。从民办高校目前所担任的角色来看，主要的是承担高等教育大众化的职能。因此，民办高校的课程体系必须适应其承载高等教育大众化的培养任务。

首先，民办高校课程体系的价值取向趋于功利主义与实用主义。市场是趋利的，这是市场价值的一个基本点，课程价值主要是适应实利主义的价值追求。民办高校为了生存发展，从课程专业的设置、收费制度的选择、内部管理改革的效率目标等等都受自我生存发展的外驱力推动。从课程体系的目标追求分析，就是用实用的知识去培养实用的人才。当前，劳动力市场的需求具有明显的实用主义倾向，要求学生一毕业就能拿得起工作，是否录用主要是看学生的能力。而政府也希望民办高校更多地培养实用型人才，将民办高等教育基本定位在高等职业教育的层面上。因此，目前民办高校专业体系下的课程结构必定会包含着实用、实惠的内容，学生毕业后就业率高。

其次，课程体系必须符合大学的精神，注重人文和通识教育。大众化背景下的课程体系必须从精英主义的圣坛上走下来。实利主义的价值观在一定的时期内可以促进大众化进程，民办高校课程体系做出这种调适是必要的——满足学生与家长的职业追求需要以及适应现代社会经济转型的需要。

最后，课程体系建设必须适应生源的基本特征。相对来说，民办高校的生源文化素质较低，传统的过于强调学科知识与学术性的课程体系必然会超过学生的学习能力或者学习负荷，学生难以接受，因此，学校不仅需要转换教学模式，而且还需要转换内容与知识体系，最后落实到课程的层面上来。

总之，民办高等学校课程体系的改革必须以各种课程理论作为理论基础。在宏观层面上，民办高校要适应国家与社会对于人的培养目标的追求，探悉其中所蕴含的价值，确定与人才培养目标相适应的课程价值追求以及相应的课程体系。注重人发展的本身的价值追求，所构建的知识与课程体系必须与此相适应。最后，民办高校有着自身发展的特征，实际上，由于政策供给、体制、文化等方面的差异以及自身的定位等内外部因素的影响，民办高校与公办高校存在着培养目标的差异，实现培养目标的课程体系与公办高校也应有所不同。民办高校自身的课程体系建设必然要寻找自己的出路。

三、民办高校课程体系的构建

（一）民办高校课程设置的依据

教育是为了培养社会所需要的人才，满足社会的需要，但是教育也要适应人本的需求，满足人的全面发展的需要，这一点在民办高校课程建设中尤其值得注意。课程体系内容要考虑到知识的内在联系与社会、市场及个人的需求，目标应该体现多样化的特征，人文课程、学术性课程、职业类课程、技术技能性课程、实践性课程等都应该有合理的比例，内容上要考虑学生的实际接受能力与教育目标要求之间的平衡关系。一个课程体系的设置实际上具体回答了"培养什么人"的问题，随着社会发展、人才需求的变化和教育理念的更新，民办高校课程体系的调整既是一个迫切的课题，也是一个永恒的课题。

民办高等教育要保持健康持续的发展，对人才培养目标进行科学定位是一个首要问题。我国民办高等教育起步晚、力量相对薄弱，以及发展过程中趋于实利性的现实，决定了大多以培养适应社会多元化、多层次就业的实用型人才为主要目标。根据发达国家的经验，应用型人才与高级研究人才之间的比例应该是4∶1或者5∶1，而当前我国的应用型人才的数量与质量还远远不能适应社会与经济发展的需要。民办高校走应用型培养模式，为国家培养一大批在生产、服务、管理第一线的高级应用型人才是时代的需求，也是民办高校自身生存发展和走向强大的正确选择。

不可否认，这是一种基本的定位。随着时间的推移，部分民办高校的办学实力可能会得到增强，有的民办高校可能会走向教学研究型大学甚至研究型大学的道路，但是总体而言，民办高校仍需根据自身的实际来正确定位。外部强大的实用性渗透必须要有内在的大学自主发展理念下的人本文化去平衡，在课程建设中要融入科学客观的教育理念，注重人的价值与精神素质的培养，这是民办高校在课程体系改革中必须明确和坚持的重要思想。

民办高校的教学方式受制于生源质量相对较差的状况，其课程体系需要适应学生的学习方式，教师的授课方式、指导形式也要适应学生的学习规律。在课程的教学过程中，实施的要求与条件要考虑到民办高校的特色，不仅应提出教学所必须做到的要求，还要考虑该课程设置在实施中其教学管理、教学设备（施）、组织实施等方面的可行性因素。

由此可见，民办高校课程体系构建主要有两条原则：

1. 规范性原则

所谓规范性，即统一性。就是遵循对本科专业所提出的关于业务培养目标、业务培养要求、主干学科、主要课程、主要实践环节、修业年限、授予学位等方面的原则要求。民办本科院校其课程体系的构建必须符合国家的统一标准，遵循高等教育质量统一性原则。

2. 特色性原则

民办高校课程体系之构建即是在"规范性原则"基础上构建其适应自身要求的特色，反映其应用型教育的教学体系特征。

（二）民办高校课程内容与结构体系

课程内容是知识学习与能力培养的载体，应能体现时代发展的要求。民办高校应该将课程体系与特定人才的培养以及就业需求密切结合起来，形成市场导向、培养规律和用人单位导向一体的教育思想，以适应我国中低专业技术岗位的人力资源需求。民办高校课程的应用性、实用性和功利性是市场的需要，是民办高校参与竞争的必然武器。同时，通识性教育、人文教育是民办高等教育不可或缺的重要部分，民办高校要充分考虑加强文、史、哲类课程建设，加强数学、物理学、化学等学科性课程的建设。没有这些基础性课程的建设，不仅实用性课程的水平难以提高，人的品性培养也会失衡。

第一，在专业类课程的设置上，要注重专业基础课的建设。专业课程是更具有直接性、职业性、功利性的课程。民办高校课程体系中的专业课程指向培养学生合理的专业知识结构，培养实用型专业人才，体现实用主义的价值。但是，目前例如，民办高校的专业课程设置过于注重实用课程，导致实用课程在专业课中的比例过大。例如，在国际贸易专业中，贸易实务、商贸谈判技巧、进出口业务之类的课程多，而像作为贸易专业基础理论的区域经济理论、区域贸易理论则很少。另外，从民办高校当前实际来看，专业课程更多地受到传统学科知识体系的影响，沿用公办大学课程体系的模式，注重知识的文本性，忽略知识作为一个过程的概念，忽视实践性专业课程建设，专业知识成为单薄的、平面的知识，缺乏立体感。"课程连续统一体"是一个具有启迪性的概念，是指"由不同课程模式依据其内在的逻辑关联和层次递进关系所形成的链式结构的课程体系"。民办高校的课程体系必须走出那种断裂的、缺乏紧密逻辑与关联的以及静态的构建框架，变传统的职业性的专业教育为基础性的专业素质教育，从而从根本上支持宽口径要求，真正实现实用的专业人才培养目标。

第二，注重人的全面发展，加强通识课程的建设和教学。教育通识课程是当前民办高校需要着重建设的一个课程板块。学术性课程、人文课程、方法类课程以及外语、计算机课程等是实施通识教育的显性课程，同时，我们必须高度重视通识教育中的隐性课程建设，如关于校园文化建设、师生关系、校风学风等方面的教育也可以纳入课程建设的高度上来（人们称之为通识课程中的隐

性课程）。通识教育隐性课程门类众多，其中，部分课程的通识教育作用明显大于其他课程，有人称这类课程为通识教育主导隐性课程，它主要包括大学的各种讲座、课外阅读、社团活动和社会实践等。因此，通过通识性课程体系的建设，提升民办高校的通识性、人文性教育，真正培养文化素养高、个性张扬的合格公民。

第三，民办高校的特色课程建设。这类课程主要是一些校本课程及地方性课程，是根据民办高校自身的专业课程特色而设置的。例如，浙江树人大学的"茶文化应用"课程、"家庭教育文化"课程。同时，特色课程还必须瞄准地方经济与文化，开设职业性、技术性、技能性的文化课程，不仅起到对专业教育的补充作用，也可以很好地起到通识教育的作用，是专业教育与通识教育一个良好的结合点。

（三）民办高校课程体系的改革途径

1. 课程体系价值取向的多元目标

在与高等教育的竞争中，民办高校仍处于不利的地位，适应市场竞争、适应大众化的发展要求民办高校调整培养目标，走多样化、多元化的发展道路，最终落实到课程体系价值取向的多元化。民办高等学校的课程体系建设要充分利用市场机制、内部灵活弹性机制进行改革课程来适应学校的人才培养目标。同时，课程体系的建设须兼顾学生的就业问题，课程体系必须包含一些职业性课程，满足学生为职业生涯做准备的要求。另外，民办高校课程体系还要接受社会、政府、市场等维度的影响，同时，保持民办高校遵循教育规律的一面，适应人性发展的需求，建设人文课程。

2. 通专课程结合，加强课程开发

从上面的分析已经可以看出，专业教育的极端会走向功利主义，通识教育的极端会走向过于高雅的教育。所以，课程建设必须是通专课程兼具，这实际上是所有大学的共识。但是，民办高校应该顺应现成的专业教育现状，必须在专业教育巩固的同时，加强通识教育课程的建设。另外，课程体系建设过程中加强地方性、校本课程以及特色课程的开发，这是民办高校发挥特色的一条重要途径。

3. 网络课程资源补充

由于民办高校的课程资源受到现成师资力量较少的制约，导致课程体系的类型结构、层次结构的不合理。现代教育技术的充分发展为我们弥补这方面的缺陷提供了一个很好的途径，特别是网络技术的发展与运用，使得我们可以引进优质网络课程资源来补充课程数量、优化课程体系的结构。网络课程具有使用方便、成本低廉以及共享面广等诸多优势，它是民办高校扩充课程资源，平衡课程体系结构的重要方式。

4. 加强学术课程与隐性课程建设

大多民办高校定位于教学型大学，以传授知识、培养能力为主，在学术研究方面很薄弱。从大学的教学、科研与社会服务的三大基本职能上来看，缺乏科研的大学是肤浅的。这种状况也可以从课程体系上反映出来一学科知识课程少，学术课程少。科研与教学之间存在本与源的辩证关系，这里不想分析，但是重视科研，创造学术氛围，树立大学批判精神在课程改革层面上要求加强学术性课程的建设，如数学、物理学、经济学、生物学等。这些课程需要大量人力物力的投入，但是这不能成为民办高校回避这些课程的理由，民办高校中的职业性、技能性、实用性课程必须有这些学术性课程来支撑。同时，民办高校须加强隐性课程的建设，来补充显性课程的不足，将学生培养成既具有思想文化性又具有较高素质能力的实用型人才。

四、学校课程设置

（一）学校课程设置的政策背景

1. 三级课程管理

课程管理制度与国家的教育管理制度是紧密联系的。考察各国课程管理制度，可以得出两种泾渭分明的形态，即集权制和分权制。前者以法国为代表，课程设置必须遵循国家详加计划的统一课程；后者以美国和英国为代表，学校各自为政，自主进行课程的规划和设置。但是课程管理上单纯的集权和分权都不符合现代教育的理想和现代社会的境况：课程管理的集权制开始向分权制转变，法国将年度课程时间表上每个科目腾出10%的时间给学校自主安排；分权

制开始向制定统一的国家标准靠近。

我国课程管理制度更接近集权制，但是近年的教育改革已经开始打破国家课程一统天下的局面，实行国家、地方和学校三级课程管理体制；地方和学校在课程设置上具有了更大的自主权。我国目前主要实行国家、地方、学校三级课程管理。

所谓"三级课程管理"是指将课程管理主体分为国家（教育部）、地方（省级教育行政部门）和学校三方；三方分担相应的课程权力。

（1）国家——教育部总体规划基础教育课程，制定基础教育课程管理政策，确定国家课程门类和课时，制定国家课程标准，积极试行新的课程评价制度。

（2）地方——省级教育行政部门依据国家课程管理政策和本地实际情况，制订本省（自治区、直辖市）实施国家课程的计划，规划地方课程，报教育部备案并组织实施。经教育部批准，省级教育行政部门可单独制订本省（自治区、直辖市）范围内使用的课程计划和课程标准。

（3）学校——学校在执行国家课程和地方课程的同时，应视当地社会、经济发展的具体情况，结合本校的传统和优势、学生的兴趣和需要，开发或选用适合本校的课程。各级教育行政部门要对课程的实施和开发进行指导和监督，学校有权利和责任反映在实施国家课程和地方课程中所遇到的问题。

2. 民办学校课程设置的规定性和现实自由度

实施高级中等教育、义务教育的民办学校，可以自主开展教育教学活动。但是，民办学校的教育教学活动应当达到国务院教育行政部门制定的课程标准，其所选用的教材应当依法审定。实施学前教育的民办学校可以自主开展教育教学活动，但是，民办学校不得违反有关法律、行政法规的规定。实施以职业技能为主的职业资格培训、职业技能培训的民办学校，可以按照国家职业标准的要求开展培训活动。

民办学校与公办学校的主要区别在于民办学校面对市场竞争，需要具有更为灵活的机制，利用包括课程设置自主权在内的办学自主权办出自己的特色，利用相对优势换得生存和发展的空间，因而民办学校需要更多的课程设置自主权。

民办学校的办学自主权有自主确定学校发展规划和办学特色、经费自筹、自聘教职员工、自主确定专业设置和课程计划、自主招生、自主收费等。民办学校一方面在义务教育阶段，需要按照相关的规定设置相关的课程。另一方面民办学校和公办学校一样，在基础课程之上有一些空间设置和实施校本课程。目前流行的校本课程总的来看，是公办学校和民办学校课程设置与改革的一个共同话题，民办学校并没有多少政策上的优势。但民办学校与公办学校在日常管理上有制约程度的差异，所以在制度上有更多的灵活性。

（二）国家课程结构的规定性

学校课程设置即教学内容管理。在课程理论中，课程设置是课程组织阶段的核心。它将所有教学科目和学生的一切活动项目加以恰当地组织和安排，使之构成一个完整的结构体系。在宏观方面，课程设置需要根据培养目标，确定设置哪些学科，如何设置这些学科，以及各种内容和各种类型、形态的学科相互之间如何组合。在微观方面，则需要确定每一门学科如何处理自身的范围、要素和结构。

课程设置按照三类课程、八个领域和若干科目进行。三类课程即基础型课程、拓展型课程和研究型课程。其中，基础型课程是必修课程。拓展型课程分为限定拓展和自主拓展两块，前者为限定选修，后者由学生自主选修。研究型课程在九年义务教育阶段称为探究型课程。

（三）在国家课程结构下的学校课程设置

1.学校课程结构设计

学校在安排一个学期的课程时，必然会遵循国家规定的课程标准和总体安排表，但是在哪个时候谁来上什么课，却是学校教务（导）处要决定的事情。学校在国家课程的安排上拥有一定的自主权。学校根据国家有关课程计划和要求，从学校实际出发，确立学校课程体系中各类（门）课程的结构关系。在三级课程管理体制下，学校拥有更大的课程决策权。学校可以确定学科门类，并根据一定编排原则使各学科保持一定的序列，形成合理的课程结构，编制出科学合理的学校课程表。在进行学校课程结构设计和课程表编制过程中，应注意根据上级教育行政部门规定的教学计划编制的学校课程表，开齐开足必修课程

和限定选修课程；注意各类课程的合理搭配，考虑学生在各门课间的过渡；适当考虑教师的个别差异和需求。民办学校的课程设置无疑地要首先达到国家制定的相关课程标准。在这一基础上可以赋之以学校自身的特色，按照学校发展的规划演绎校本课程设置，从学校相关变量的情况出发，不仅可以在学校处理的课程中体现，更可以在国家课程中有所渗透。同时，课程表和作息时间表是相互联系的，需要结合起来加以考虑。

2. 关注课程的整合性和选择性

目前，学校课程设置有两个重要趋向：整合性和选择性。课程的整合性包括以学科为主的整合和跨学科的整合。两者的区别在于其对学科间的整合程度如何。跨学科课程是采用整体的视角，以主题及生活经验的问题作为焦点。

课程改革的趋向是在课程的管理上更加民主，并将这种民主推至学生层面，设置更多形式多样的课程，允许和鼓励学生根据兴趣、特长和理想进行选择。民办学校把学生作为教育服务的对象，显然其课程设置更需要关注学生的心理发展顺序、学生的学习体验过程，以及在现有的分科课程体系下学生不易获得的问题解决能力。因而在传统的分科课程机制基础上多实行活动课程和综合课程。

课程的选择性体现在课程模块的设置上。原有的分科课程具有学科的连贯性和顺序性，但是缺乏变化；而个人取向的选择课程很容易符合学习者的个性，但是容易导致学科内容的分裂。课程模块试图将体现学科内在连贯性的内容和学生的选择性结合在一起，兼顾学科内容和学生的选择。课程模块通常由核心模块和选修模块组成，学生可以将核心模块中的相关科目和选修模块中的相关科目相结合，形成一种"自助餐厅"式的课程形式。

（四）校本课程开发

校本课程开发在国外兴起于20世纪60年代。近年来随着教育改革的深化和课程改革的推行，学校本位的教育、教学管理和课程开发在中国也如火如荼地进行着。校本课程开发的目的是让所有的学校都"动起来"，所有的教师都"站起来"，学校的教师、学生、家长、校长、校外课程专家和学科专家以及社区成员等各方面的人员彼此"沟通起来"。它使学校更好地适应市场的需求，形成学校的特色，促进交流合作；能促进教师专业发展和学生全面发展。

校本课程开发有两种类型，一类是在地方分权国家，由国家或州（省）制定课程标准和门类，学校按照教育法规自主决定内容；另一类是在中央集权国家，国家提供课程计划框架，并规定好其中学术性课程的标准，留出一部分空间（占总课时数10%～25%）给学校。我国传统的课程管理体制属于第二类，现阶段我国公办学校将主要由国家规定课程框架，在其中留下部分课时（目前是10%～30%）给学校进行校本课程开发。

1.校本课程的认识

校本课程开发可以从原有的课程中通过调整、选用进行再开发。校本课程开发也不仅仅是一种短期的行为，要求具有连贯性和整合性。

2.校本课程开发理论框架经验与探索

校本课程的开发是学校一项具有持续性的专业活动，它需要一种理性、民主、科学决策的过程。下面介绍几种校本课程开发的步骤和模式。

校本课程开发是一个复杂的动态的过程。首先，复杂性在于课程开发本身是一项复杂的工程，涉及学校的愿景、实现它的愿景的资源、学生的特点、教师的素质，涉及目标的分列、方法的契合等；其次，学校中的课程开发成员对开发课程普遍都还不太熟练，尤其需要各个方面通力合作，毕竟它是达致学校愿景、形成学校特色的关键；最后，校本课程开发又是一个动态的过程，并非僵化的线性的过程，需要学校在课程开发过程中打破僵化和封闭的思维，随时进行适当的调整。

3.建立校本课程开发的领导层

校本课程开发需要一种有效的、持续的、合作的状态，而不是分散的、短期的、孤立的状态。学校内部机构因而需要适于校本课程开发进行相应的职能调整，形成学校层面的组织和制度保障。

校长统筹领导，下设"教职员课程委员会"，必要时设立"次级委员会"：这是最为简约的校本课程开发的基本组织。在某些情况下或某些组织中，全体教职员对课程委员会的方案行使表决权，决定是否接受该方案。

在某些组织中学校邀请社区代表和学生代表参加，组成"社区咨询委员会"

和"学生咨询委员会"，各自对"教职员课程委员会"产生影响。还可以将这三个委员会统合成"扩大的课程委员会"，以精简机构、提高效率。

同时，要注意校本课程委员会不是校本课程开发的代理机构，而是沟通机构。校本课程最重要的参与者是教师，他们是离课程最近的人。

民办学校的管理结构较为自由，在组织开发校本课程的过程中可以开展更多的组织和制度创新。校本课程的组织并不是一个封闭的权威机构，相反，它是复杂情境中的沟通机构，包括教师和学生在内的所有学校成员都有参与的权利。校本课程的组织需要发挥一个沟通地带的作用，从而调动校本课程开发所有相关方面。校本课程开发制度也是确保沟通得以进行的工具，它应对校本课程开发的各类角色做出明确的界定，对校本课程开发的步骤做总体的规划。

4. 从学校发展的规划演绎校本课程

课程开发首先要明确课程目标。校本课程的目标与学校办学特色是同构的。学校办学特色也主要体现在课程开发中。课程开发遵循一定的学校办学理念和哲学，同时，也能落实和发扬学校办学理念和哲学。如果说学校的办学特色和它的发展规划是学校的共同愿景，那么课程设置是执行这一愿景的重要一步。学校办学特色不是空口之言，它要在校本课程中得到具体的表述和实践。

学校办学特色演绎校本课程开发，最重要的在于有明确具体的体现办学特色的课程目标。对于课程目标的表述不能笼统，应该具体和有凭有据。

第三节 民办高校的学分制管理模式

一、以学分制为核心的教学管理模式转变

（一）学分制的内涵、产生与特点

学分制是一种以学分为计量单位衡量学生学业完成状况的教学管理制度，同时，也是教学计划制定和教师教学工作量安排的依据。

学分制是由选科制发展而来的。美国哈佛大学校长认为人的能力、素质存在一定的差异，不能按同一僵硬的模式培养，主张扩大课程科目，允许学生有充分的选择范围，安排自己的学习专业和课程。他主张把社会达尔文主义应用

到教育上来，提出"智能上适应者生存""优胜劣汰"。为适应美国新兴资本主义发展的需要提出了"教育平等""教育民主"和"教育自由化"的口号。他主张废弃封建贵族式的传统教育制度，学校按专业分院、系，学生有根据个人兴趣、个人发展和社会需求选择课程的自由，倡导学生间的公开竞争，从而建立了美国式的高等教育体系，为美国近、现代高等教育的发展奠定了坚实的思想基础。

与传统的学年制相比，学分制有以下特点：

1. 学习时限的灵活性

它参考学历教育所要求的年限，但不受年限的严格限制，学生可以提前修满学分提前毕业，也可滞后一定时间毕业。从教育经济学的角度看，有效地、因人而异地分配受教育时间，能降低产品的成本，提高教育的效率，这对个人和社会都是有利的。

2. 学习内容的选择性

它在一定程度上允许学生选择自己认为必要而且感兴趣的课程和专业，这是它的精髓。没有选修权的"学分制"不能认为是学分制。

3. 课程考查的变通性

对于学生修读的课程，如果考试不及格，均可重修或另选另考，直到及格取得等值学分为止。这种允许受教育者在一定限度内根据自身的发展进行自我调整的做法，既体现了对学分的重视，又有利于学生形成适应社会需要的才能。

4. 培养过程的指导性

学分制为学生独立自由地安排学习、充分发挥学生的特长及主动性和创造性，创造了必要的条件，但由于学生特别是低年级学生对独立设计符合社会要求的自我目标、模式比较模糊，对实现目标的学习方案也难以进行优化选择。所以，配合学分制要设立指导导师，对学生进行指导，帮助学生正确处理学习过程中产生的问题。最早实行学分制的哈佛大学就先后经历了自由选修、限制选修和"全面发展的要素结构制"等几个阶段。"专业领域"要求学习的课程、学习期限及每学期应修读的课程门数均有比较严格的规定，一般通过学生必须完成规定的最低学分体现出来。

学分制顺应了社会发展和科技发展对人才培养的要求，正视了培养对象的差异性，相比于学年制具有更大的灵活性。实施学分制有以下几方面的优点：

（1）有利于优化知识结构

学分制以开设大量选修课为前提，学生可以根据社会就业和个人发展需要进行专业学习，构建自己的知识体系，组成最优化的知识结构。

（2）有利于因材施教，充分发展学生的个性，培养各种类型的专门人才

实施学分制后，学生的主体能动性得到充分发挥，学有余力的学生可以多选修一些课程，以便突出自己的专长，深化和提升学习层次；基础欠佳的学生可从实际出发，量力而行，制订适合自己的学业计划，明确努力的方向。

（3）有利于教学质量的提高

学分制通过选课制、选教制的实施，把竞争机制引入到教学中来，形成优胜劣汰的竞争机制。一方面，可以激发教师不断地更新教学内容，改进教学方法，把自身的知识水平、教学水平和学术水平最大限度地发挥出来。另一方面，可以通过选修课开设多少与经费挂钩等方式，激发二级院（系）的办学热情，提高办学效益。

但是，学分制也具有自身难以克服的不足，在实行初期，暴露出不少问题。其中，最突出的是由于过分强调自主和兴趣，容易导致学生重量不重质。学生为追求毕业所必须取得的最低学分而盲目选课，难免出现知识零碎和结构不完整的现象。

（二）当代高校实施学分制的意义

1. 学分制是高等教育体现以学生为本、为学生提供个性化教育服务的制度保证

高等教育的大众化，教育目标的一致性和多样性的矛盾尤为突出。从个体发展角度看，学生身心特点的差异性决定了教育目标必须具备多样性的特点，培养学生以求异思维为核心的创造能力已经成为高等教育活动的重要目标；从人才培养的质量标准角度看，传统的观点认为必须按照一个统一的人才规格去考查评估教育质量，而现代教育观点则认为高校是否为学生提供个性化和多规格的教育服务是衡量高校教育质量的重要指标。学分制为实现教育规格和教育

过程个性化提供了制度保证。学分制条件下的自主选课、丰富的课程资源和弹性学制等体制性的特点较之学年制更能满足学生自主发展的需要，也更有利于学生按照自己的兴趣和爱好发展各种创新能力。

2.学分制有助于学生综合素质的提高和创造能力的发展

利用学分制这一制度平台，学校可以根据社会发展及时调整培养目标和培养规格，并通过修订培养计划反映到教学过程中，通过制订更加灵活的人才培养计划，构建超越专业和学科的课程体系，使学生可以按照自己的学习与发展愿望灵活选择专业、课程和教师，自主设计学习和发展计划。学分制还为学生更多地参与第二课堂活动提供了条件，在各类科技发明、创新竞赛等活动中取得优异成绩学分的学生可以获得创新学分，以调动学生参与创新活动的积极性，促进学生的综合素质全面发展。

3.学分制是优化教育资源的重要途径

第一，学分制为课程整合与优化提供了制度环境。现代高等教育已经把"厚基础、宽口径"作为课程体系设置的基本原则，学分制正是这种课程设计思想的具体途径。学分制改革要求适当缩短必修课学时，增加选修课所占比例，允许学生根据个人需要灵活组织适应于自身学习需要的课程体系。第二，学分制有助于优化教师资源。学分制下，学生可以在教学资源许可的条件下自主选择专业和课程，因而也就可以自己选择教师。当教师面临学生的直接选择时，教师间的竞争机制便得以形成，教师必须不断提高自己的教学质量，增强自己的竞争力才能获得学生的青睐。这种多劳多得的管理机制将最大限度地挖掘优秀的师资潜能，淘汰劣质的师资，在满足学生多样化需求的同时，也实现了教师队伍的不断优化。

二、民办高校学分制的现状、缺陷与成因

选择性是现行大学教学管理制度的时代客观要求，也是作为学分制张扬学习者个性的重要特征。作为我国高等教育重要组成部分的民办高校，其学生的自主学习选择性如何？主要发现以下几种情况：

（一）现行民办高校学分制的主要缺陷

我国民办高校诞生于市场经济并承载着高等教育大众化的重任，高等教育大众化呼唤着民办高校实施学分制，以满足多层次、多规格、多样化的学习需求。我国民办高校学分制的教学管理制度主要来自两个"路径依赖"：一是传统的计划体制下的教学管理制度，这是纵向的依赖；二是对一些公办高校（尤其是重点大学）中的教学管理制度的依赖，这是横向的依赖。由于我国民办高校起步迟、教学管理单薄，这种纵向的依赖就显得十分有限（很多民办高校一直实施的是学年制模式）；而横向的依赖又受制于教学资源贫乏的困境，致使学分制的推进显得较为迟缓。从调查结果来看，我国现行民办本科院校学分制的最大缺陷，也表现在学生学习选择性的不足上，集中体现在专业、课程和学制的选择性不足。

1. 学生转换专业（院系）十分困难

"学非所爱"是当前民办高校大学生中存在的一个突出问题。许多学生明确表示"不喜欢"当前所修读的专业（院系）。虽然高校均推行了相应的改革，如允许学生跨系、跨专业选课，试行主辅修制、双专业制或双学位制，允许少数学生转系、转专业等，但是，这些新的制度或举措明显偏向学习成绩好的少数学生群体。就总体而言，民办本科院校专业和院系之间依然存在一条难以逾越的鸿沟。

2. 课程、教师缺少选择性

现行民办高校的教学计划和课程表的刚性很强，院校选修课学分占课内总学分不少的比例，可见学生在课程、教师、学习时间等方面缺少选择性。一方面，学生喜欢的课程难以开出，或者开设了但不能满足多数人的需求；另一方面，某些学生不感兴趣的课程，又不得不学、不得不考。虽然一部分高校增加了选修课的门数和权重，但是，学生能够自由选课的余地还是太小。大部分大学生认为所在学校在课程学习上缺少选择性。

3. 学制缺少弹性

弹性学制是学分制的一个式样，可以使高等教育的人才培养模式具有很大的灵活性，有助于学生根据自身特点，调整学习进度，从而决定自己提前或推

迟毕业。但是由于前述自主学习选择性的限制，也由于就业体制等原因，特别优秀的学生也往往难以提前毕业，而成绩原因不能正常毕业的学生，因住宿、学校教育成本、学籍管理等因素不能继续留校学习，导致了学制缺乏应有的弹性。

（二）现行民办高校学分制缺陷的成因

我国民办高校学分制缺失的原因是多方面的，其中，教学资源、学生素质和教学管理队伍等因素，是制约现行学分制的几个重要因素：

1. 教学资源不足是导致现行民办高校学分制缺失的物质基础

从历史的视角来看，我国的民办高等教育经历了"拾遗补缺""必要组成部分"到"社会主义教育事业的组成部分"的定位变化，政府在不同时期出台了相应的规范民办高等教育发展的法规政策。

民办高校教学资源不足集中体现在专职师资队伍不足、学科科类结构单一、课程总量不够丰富等方面。民办高校师资队伍的特点是教师专兼结合，以兼职教师为主体，且外聘教师较多，一般具有游动性大、不稳定的特点。从市场机制来分析，这是民办高等学校灵活适应市场、降低办学成本的重要方面，但是师资队伍建设的市场机制选择与学分制的要求相矛盾，因为学分制在教师队伍的稳定性及其结构合理性方面具有更高的要求。民办高校学科门类相对单一以及师资方面的这种状况对于课程资源建设带来直接的影响，导致自身的课程资源相对不足，这与学分制所需求的丰富的课程资源相矛盾，民办高校必须很好地解决这一难题才能更好地实现学分制。

随着民办高校招生数的不断扩大以及学分制的推进，教学资源的不足还表现在教室、实验室、后勤保障等诸多方面。

2. 学生自主学习能力不足也是制约民办高校学分制改革的重要原因

学分制可以使学生进行针对性学习，让学生更专业化、个性化、兴趣化。一方面，保证基础课程的学习，另一方面，在学生全面发展的同时给予选课的自由。这就要求学生有较强的自我管理能力。学生自我管理能力越强，越有利于学分制的实施；学生学习自觉性越强，可在无行政班级的情况下，无他人"管制""干涉"下做到自觉学习、主动学习，从而在计划内圆满完成个人的学业。

然而，从目前我国招生制度的安排来看，民办高校的招生批次均处于后面，

形成了民办高校所特有的生源特征：基础相对较差且程度参差不齐严重、学习的主动性不强。在实行学分制过程中，学生约束力弱，往往会利用选课制所给予的一定自由度，就易避难，直接将学分作为学习的目标与任务，凑学分的现象严重。与公办学校相比，这种现象的涉及面更广。这在一定程度上影响了学分制、弹性学制等新制度的推进。

3. 教育思想观念滞后直接影响到民办高校学分制的推进进程

教学管理制度是一定的教学与管理思想、理论和观念的具体化和操作化，是对教学管理实践活动的抽象规定。我国民办高校现行学分制存在的缺陷，无疑是其背后教育价值观、管理观、学生观的反映。

（1）教育价值观

人们的教育价值观有两种基本类型：一类是"社会本位"（或"功利、工具主义"）的教育价值观，另一类是"个人本位"的教育价值观。社会本位的教育价值观强调教育的工具价值，主张教育必须首先满足社会发展的需要，注重受教育者的社会化，忽视个人的价值和个性的发展。我国现行教育价值观的主流是社会本位的价值观，它在本质上是一种工业化的教育价值观，其显著特点是固定化的学制、至高无上的教科书、"师道尊严"的班级授课制。这也就是人们常说的以学校（教室）为中心、以教科书为中心、以教师为中心。它反映在教学管理制度上，就是不重视学习的选择性和多样性，不注重学生的个性和创造性发展。

（2）师生观

与社会本位的教育价值观相联系，学生与管理者之间是不平等的；学生与教师之间也是不平等的。教师既是管理者，又是被管理者。对学生来说，教师是最主要的管理者、教育者；教师被看成"园丁"和"灵魂的工程师"，学生被看成教育的"产品"和"知识的容器"；判断"好学生"的标准是"乖""听话""不反驳师长"等。在这种学生观的支配下，学生不需要学习自由，也不可能有真正意义上的学习选择权和自主权。

（3）教育管理观

现行的大学教学管理观是一种"科学管理"观（也称"客体管理"观），

这种管理观把管理者和学生（乃至教师）单纯地看作主体与客体的关系，不把学生当作能动的管理对象；学生被排斥于教学管理过程之外。科学管理观反映在教学管理制度中，就是强化规章制度的约束功能，忽视教学和学习的自由。在学校管理者看来，没有严厉的规章约束，学生就不会"好好学习"；在管理者看来，他们只有"管理"的职责，没有"服务"的义务。

此外，民办高校还存在某些先天不足，例如，办学历史短、学生主体的学历层次多、教学及管理积累少等，都一定程度地制约着学分制的推进。

三、民办高校学分制改革的动因、环境分析

（一）民办高校学分制改革的外部动因分析

任何一种教学管理制度的产生与运行总与社会外部因素有着密切的联系，并对这种制度起着一定的制约作用。从学分制的产生来看，它本身就是多元文化和市场经济的产物，换言之，多元文化和市场经济等已成为学分制产生的外部动因。我国民办高校推行学分制改革的外部动因当然也不能例外，概括起来，主要有以下几方面：

1. 教育的国际化趋势

基于经济全球化的教育国际化，主要体现在：以"国际化"人才为培养目标；教育的内容、方式、评价标准等能为大多数国家所公认；学生对不同国家的文化有一定的了解，并具备一定的国际交往能力。我国民办高校将在全球化的大背景下求生存谋发展，因而在发展的指导思想上要面向全球一体化，着眼于国际市场的供需状况，合理地配置教育资源。这种国际化的高等教育势必要以相应的教学管理制度做保证。

2. 文化的多元性趋势

现代社会的特点之一就是不同文化之间的相互融合，这种相互融合大致包括文化的灭绝、文化的涵化、文化的拒绝与融合三个方面，并体现出文化的多元性。多元文化指的是基于对不同文化知识的理解，在一国内部各种文化成分和世界各国不同文化之间，建立起积极的交流与相互充实的联系，即超越多种文化的同化和共存。受教育者在接受一种教育的同时，也在接受一种文化，融

入社会和经济生活。随着教育国际化进程的不断进展，接受多元文化教育的人就能不断受到多重文化的熏陶，成为加速全球一体化的文化载体和跨国沟通的桥梁。我国高等教育在设置教学内容的同时，必须考虑不同民族和国家间的多元文化成分，满足受教育者接受多种文化熏陶和了解不同民族文化个性差异的需要。

3.市场经济的复杂性趋势

随着社会主义市场经济的拓展，社会要求高等教育与经济建设紧密结合，按市场要求设置专业和培养人才。在社会主义市场经济条件下，一方面，社会对促进生产力发展的科学技术呈现出多样化的需求。另一方面，面对日益激烈的就业竞争，高校毕业生更加注重个人知识的个性化发展。这种知识个性化发展的趋势强烈地呼唤着灵活的、适应个性化学习需要的教学管理制度，很显然，传统的学年制管理体制已不能满足现行教学的需要了。

4.政治的民主化趋势

同经济的市场化一样，政治的民主化对我国高等教育有着同样深刻的影响。政治的日趋民主化为高校的教学研究和科学研究提供了较为宽松的学术环境，有利于学术领域中"百花齐放、百家争鸣"局面的形成。

（二）民办高校学分制改革的内部动因分析

民办高校学分制改革的动因不仅来自学校外部，同时，也来自学校内部和受教育者自身。受教育者和学校为了追求与社会的协调发展，就必然会促使自己按照社会的多种要求来不断地进行自我完善，并使自己在激烈的社会竞争中始终立于不败之地。

1.推行学分制是高等教育实现"以人为本"理念的必然要求

当前，各高校教育教学改革强调"以人为本"的理念，强调学分制改革是现代社会政治、经济、文化与科技对于人才培养的需求，是高等教育面向国际化的要求，也是高等学校面向市场、实现教育资源合理配置的要求。这一制度所基于的人才培养个性化的理念适应了人的发展、社会，以及市场的需求。学分制的核心理念是"学术自由"或者说"学习自由"，有利于发挥学生个性，有利于优秀人才脱颖而出，增强学生学习的主动性和积极性。学生根据自身的实际需求自主选择课程、教师及学习时间等，教师可以更好地因材施教，这是真正体现"以人为本"教育理念的一个教学管理制度。同时，从课程资源体系建设上分析，多样化的需求有利于优化课程结构，深化教学内容的改革，促进培养文理渗透、全面发展的人才。

2. 公立高校掀起一轮新的学分制改革

随着知识经济与信息时代的到来以及高等教育大众化的逐步实现，社会与市场对于高校人才培养规格提出了新的要求，人才目标的转变引起学校教学管理制度与模式的改革，许多公立高校掀起一轮新的学分制改革。这既是高等教育发展的一个宏观背景，也是公办和民办高等教育竞争发展的一个推动力。

3. 民办高校发展与转型的需要

民办高校的发展必须将社会的需求转变为内在的动力。民办高等学校走向学分制的改革与建设，这符合现代高等教育教学改革的趋势，也与民办高等教育的市场化特征高度一致，如共享教学资源、实现内部管理的竞争与激励机制等。但是，民办高校不同于公办高校，从目标定位、机制选择到管理模式等都存在很大的差异，不同目标理念下的制度选择会有不同的价值倾向。因此，民办高等学校必须结合民办高校自身的特点以及相应的途径来实现。

（三）民办高校实施学分制的环境分析

1. 外部环境对民办高校实施学分制的影响

（1）缺乏规范的学分制的制度安排

各部委所属高校和省属院校进行了教学管理制度改革，从而使得学分制这一管理模式在全国范围内得到推广。近年来，部分省、市的民办高校也在积极探索学分制，但由于缺乏规范的制度安排，各高校实施学分制的办法不统一，即使是同层次学校也不能很好地实现校际学分的互通。

（2）社会对民办高校认识上的偏差影响了学分制的实施

为社会培养高级职业技术人才，是我国民办高校的基本定位。然而在相当长的一段时期中，高等职业技术教育没有得到社会应有的重视。加强职业教育和培训预示着民办教育正面临大好的发展机遇，但社会上不少人对它的地位、作用、特点的认识存在较大偏差，民办的社会认同度比较低，社会信誉没有很

好地确立起来。即便是在教育界内部，不少人对此类教育的基本特征、基本规律，诸如培养目标、模式、途径等问题的认识不足。

（3）现有教育资源不能很好地满足实施学分制的要求

从政府与学校主管部门角度看，缺乏对民办教育人才培养目标特殊性的分析。为了推进高等教育大众化进程，在民办高校的扩大招生中表现出了一定的盲目性，忽视了民办高校的客观条件和实际承受能力，即使按照学年制的管理模式，现有招生规模也已经远远超出了民办高校教育资源的承受能力，因此，许多民办高校现有教育资源还无法很好地满足学分制的要求。

（4）民办高校教育考核评价体系与学分制存在矛盾

国家教育主管部门对民办高校的考核评价，基本上是按照普通本科院校的考核评价体系设计和安排的，从入学、管理到就业的制度安排，仍然没有摆脱学年制的基本框架，这个框架是制约民办高校实施学分制不可忽视的重要因素。

2. 内部因素对民办高校实施学分制的影响

（1）培养目标定位不准，办学方向有待明确

目前，我国民办高校的人才培养定位在一定程度上存在与普通本科院校雷同的现象，特别是一些本科学校举办的民办层次教育，把学术性教育培养模式自觉或不自觉地带到民办教育中来；独立举办民办教育的院校也普遍存在着"本科压缩型"的痕迹，在培养目标定位问题上存在着"就高不就低"的心理，没有真正以人才市场需求作为定位的坐标。

（2）专业及课程设置尚未脱离学科体系的空白

一些民办高校专业设置仍然延续或套用原高等教育专业结构体系，特别是隶属"三改一补"办学模式的民办高校，至今没有进行充分的改组，专业结构布局没有依据科学的培养目标进行全面调整。受专业设置的影响，在课程设置上基本还是延续基础课、专业基础课、专业课的"三段式"课程模式，业务技能训练放在专业课学习之后的最后一个学期集中进行。这种按科类组合的课程内容结构体系，适合培养学术研究型人才，但不适合培养应用型、技能型人才。与民办教育人才培养目标相违背，不适宜应用型目标模式下的学分制教学规律。

（3）其他问题

例如，资金投入不足，硬件设施差；学生规模超常增长，师资及其他人力资源超负荷运转；学生实习环节限于形式，起不到应有的实践作用；办学主体多元化，但缺乏可持续发展的后劲儿，面临较大的市场风险；招生规模不断扩大，但高就业率难以保证，潜伏着生存危机，如此等等，都直接影响了学分制的建设和实施效果。

虽然我国的公办高校中推行学分制的改革已经有一个比较长的时期，但对于民办高校而言却是新的改革，并且由于民办高等学校自身的许多特点，在实行学分制过程中会遇到不少的困难，这对于民办高校而言是一个挑战。

第一，民办高校恢复发展的历史短，人才培养目标和学科专业门类往往短视性地根据劳动力市场的需求来选择建设，形成人才培养目标和学科门类相对单一的格局，导致基于学科专业的课程体系缺乏综合性，直接影响到满足学生知识自由选择的需求。

第二，民办高校师资队伍的特点是教师专兼结合，以兼职教师为主体，且外聘教师较多，一般具有游动性大、不稳定的特点。从市场机制来分析，这是民办高等学校灵活适应市场、降低办学成本的重要方面，但是师资队伍建设的市场机制选择与学分制的要求相矛盾，学分制在教师队伍的稳定性及其结构合理性方面具有更高的要求。

第三，学科门类相对单一以及师资方面的这种状况对于课程资源建设带来直接的影响，导致自身的课程资源相对不足，这与学分制所需求的丰富的课程资源相矛盾，民办高校必须很好地解决这一难题才能更好地实现学分制。

第四，从目前国家招生制度安排的情况来看，民办高校的招生批次均处于后面，形成了民办高校所特有的生源特征：基础相对较差且程度参差不齐严重、学习的主动性不强。

第五，民办高校还存在某些先天不足，如办学历史短、办学硬件条件不足、课程资源相对不足、学生主体的学历层次多、教学及管理积累少等，这些因素同样会给民办高校推行学分制带来挑战。

虽然民办本科院校面对着上述挑战，但是民办高校实行学分制也有着自身

的特殊优势。民办高校是在计划经济向市场经济转轨过程中应运而生的，民办高校的市场化特征具有面向市场培养人才、按照市场运行管理的特点，表现为办学机制灵活，自主招生、专业和课程建设面向市场适应，毕业生自主择业和学制的灵活性等，这些与学分制的基本特征具有高度的一致性。因此，民办高校有着自身的机制优势来实施学分制。

四、民办高校学分制改革的基本路径

（一）转变教育思想和观念是民办高校实施学分制的先导

观念更新是教育创新的先导。从根本上讲，学分制改革力图打破传统的刚性教学计划和统一培养规格为基本特征的学年制，转向实行以选课制和弹性学制为核心的学分制。这不仅仅是一次教学组织与管理制度的变革，也是一次深刻的教育思想观念的变革。

学分制的实行需要一个开放的教育理念，需要给学生一个自由学习的空间。然而，由于制度上的安排、生源市场竞争，以及民办高校社会声誉的追求，民办高校要求学生抓紧时间学习，甚至强制性地要求学生学习，国内部分民办学校也存在着封闭式的、军事化的管理状况。这种管理理念有悖于开放教育理念，也有悖于学分制的核心理念。因此，一是要转变办学思想，确定以培养学生素质为目标的观念树立学生的主体地位，坚持知识、能力与素质协调发展来培养人才；二是要与时俱进，不断创新，转变服务意识，保障学生的自由选择；三是要做到管理创新，加强教学管理和研究，建立"导师制"，为学生当好参谋，指导学生选修课程，关心学生成长，促进学生的个性发展。总之，推行学分制就必须尊重学生的主体性，尊重学生的学习自由，即学生选择学习什么和如何学习的自由，这是把学术自由的原则贯彻到大学的学术群体最底层的表现，只有在充分尊重学生学习自由的基础上，才有可能实现师生作为教学活动主体的平等交流与沟通。

（二）准确定位人才培养目标是实施学分制改革的基本前提

培养目标的定位是一个核心问题，对于实施学分制而言则是一个基本前提。现代人才培养理念下的目标选择要求民办高校面对市场必须做出明确的答复。

民办高校是我国社会主义市场经济条件下逐渐发展壮大的，市场经济给民办高校提供了广阔的发展空间，面向市场培养人才在发展初期成为其突出的优势，即便在今天高等教育市场相对成熟的情况下，这仍不乏是民办高校发展的一大优势。民办高校必须适应现代教育理念与社会政治经济的需求，贴近市场、面向市场培养人才。

当前的大众化高等教育既是社会经济水平所催生的必然结果，也是高等教育内在的必然逻辑。高等教育的大众化已经使得大学教育质量、人才培养目标与规格走出了传统的精英教育模式，大学培养社会生产、工程、管理与服务一线的应用型人才已经成为高等教育大众化的一个重要内容。

从目前的整体现状来看，市场、政府以及高等教育大众化选择将民办高校的人才培养定位在培养"高级应用型人才"上。显然，学分制作为一个制度，必须为这样一个目标服务。民办高校实施学分制过程中，以这一"高级应用型人才"培养目标为基本前提，设计教学目标，坚持知识、能力与素质的协调发展，建设更多的供学生自由选择的教学资源，提供更为自由的学生学习方式与学习时间，构建提高学生创新能力的新型教学质量评价体系。

（三）适应学分制改革，制订科学合理的课程结构体系

在学分制建设过程中，课程体系的建设非常重要，民办高校必须构建与人才培养定位相适应的课程体系，调整与优化人才培养计划，同时，根据内部的专业定位，在通识教育、专业化、职业化等方面做出选择，构建知识、能力与素质协调发展的人才，在知识结构方面体现"复合型"，使学生拥有较宽广的科学文化知识和扎实的学科专业基础知识；在能力结构方面体现"应用性"，重视学生动手能力和创新能力；在素质方面体现"全面性"，使学生拥有良好的思想道德素质、文化素质和身心素质。

学分制的核心是实行选课制，尽可能多地开设选修课程是推行学分制的有力保证。民办高校可以通过"校级公共必修课""校级公共选修课""学科基础平台"与"专业基础平台"来构筑宽口径的知识平台，来增强大学生宽广的适应能力，这一点与公办高校比较相近；但是，民办高校由于教师资源与课程资源相对不足，可以在高年级中开设针对性强的专业方向模块课程，尽量给学

生提供自主选择课程的机会，使学生拥有专业方向模块选择和专业课选修的机会，为学生的发展提供更个性化的服务。同时，可以尽可能多地开设校级公共选修课，也可将部分公共必修课纳入选修课的管理模式中，扩大选修课的比例，提高选修课的质量。在改革过程中，必须明晰各专业教学环节"知识、能力与素质"的基本要求，并以突出提高大学生的学习能力、实践能力培养为主要目标，加强公共基础课平台、学科基础平台中核心课程的建设，并且要注意各专业方向模块课程的结构关系，使得分流与选择专业方向后学生的知识学习仍具有紧密的连贯性与逻辑性，克服学分制可能带来的知识学习松散性等问题，构建起符合民办高校"高级应用型人才"培养目标与培养规格的"平台＋模块"课程结构体系。

（四）建立和完善适合学分制要求的教学管理运行机制

1. 开设数量足够和高质量的选修课，以供学生选修

学分制的优点和特点主要通过选修课的重要地位和作用体现出来，因此，只有提供充分的选择空间才能够提高选择的效率。

根据民办高校中相对紧张的课程资源的现实，一方面，管理者必须优化管理机制，鼓励教师多开课、开好课，增加选修课资源，并切实提高资源的利用率；另一方面，可以从教育产品公司、其他高校选择引进高质量的网络（远程）课程资源，增加课程的类型与课程数量，解决民办高校实施学分制过程中课程资源相对不足的情况。

2. 逐步完善动态管理机制，增加学生学习的选择性

学分制学籍管理是学分制管理体制的核心和出发点，民办高校要本着"管而不死、活而不乱"的原则，发挥学生个性特长，鼓励超越，鼓励出类拔萃的学生脱颖而出，更好、更快地成才，为创特色重新梳理和修订学籍管理规定。

3. 努力造就一支素质较高的师资队伍

民办高等学校专职教师较少，存在一定比例的外聘教师，因此，课程资源不足且不稳定。首先，人事制度的改革必须与学分制教学管理制度的改革相配套，通过改革分配制度（如给予新开课提高课时酬金、对于超工作量部分给予更高的补贴、将新开课与晋升职称挂钩等），以激励为主，发挥教师的工作热

情，鼓励教师多开课，开好课，以建立一支适应学分制教学的师资队伍；其次，对于那些教学经验丰富，教学效果好的教师应给予奖励，如设立主讲教师，把教学效果与教师岗位联系起来等。同时，发挥兼职教师的积极性开课，引入竞争机制，吸引外校教师到学校来开课，带来课程资源的共享，形成民办高等学校特色的专、兼、外聘等多种性质的教师队伍。

4.建立适应学分制管理的教学管理机制

实施学分制，必然会打破原来学年制下的整齐划一，增加教学管理人员的工作量，所以，如何改善教学管理体制，构建新的管理模式也就成为完善学分制很重要的一环。总之，学分制的改革是一项系统工程，民办高校必须根据自身已有的管理模式做出调整，以教学管理制度为核心，发挥民办高校在各项管理过程中市场调节与竞争机制的有效作用，适应学分制改革的需要，确立多样化的制度保障，并形成运行机制，实现学分制模式的有效运行。

五、民办高校学分制改革的模式选择

（一）我国高校现行学分制的基本类型

现阶段我国普通高校推行的学分制，是随着我国市场经济体制的建立而建立的，由于校与校之间的差异，目前，出现了完全学分制、学年学分制、复合学分制等学分制的形式。

1.完全学分制

完全学分制，是完全以学分为单位衡量学生的学习量，不管学习时间的长短，只要修够规定的学分数即可毕业。其最大特点是突破学年限制，可断断续续修读一个专业，也可同时修读两个专业。

2.计划学分制

其特点是实行必修课保底，选修课不封顶，必修课包括公共基础课、专业基础课、学科交叉部分课程。选修课类型较多，既有纵向深化专业知识、具有研究性的课程，也有横向扩大知识领域的课程，同时，还设有文、理、工、管相互渗透的课程。

3. 学年学分制

把学年制与学分制的某些管理办法结合在一起，学年与学期对学生应修学分都有具体要求，教学计划的弹性略小于计划学分制，一般不允许提前修满学分者提前毕业，注重并立足于班集体教学。选修课门数不多，学生选课的自由度不大。

4. 全面加权学分制

全面即对学生德、智、体诸方面的要求都用"学分"量化，课程学分则根据课内外学习应付出的劳动量得出；加权即把计划中的学分，根据课程类别、性质、地位、难度等差异分别确定权重或加权系数，计划学分乘以加权系数即得实际学分，计划学分用于学籍管理，加权学分用于衡量学生学习质量的优劣，作为评奖、评优的依据。

5. 复合型学分制

这类学分制是按教学阶段或课程类别分别采用学年制和学分制的某些管理办法。主要有两种形式：一是一、二年级实行学年制，三、四年级实行学分制；二是必修课实行学年制，选修课实行学分制。

6. 特区开放型学分制

这种类型的学分制最早出现于我国经济特区的部分高校，特点是与计划学分制相比，学生课程修习的自由度更大，专业的选择与转移更为机动，管理上更为灵活。从特区经济特点出发培养人才，以适应经济特区对各种类型人才的需求。

（二）民办高校学分制管理模式的选择

民办高校学分制管理模式的选择应依据学校能够满足个性化的条件积累，我们认为，目前以学年学分制模式为宜，并应追求教学条件约束下的学分制最优结构。以下做法可以在一定程度上优化民办高校的学分制教学管理模式。

1. 学分制的实质是要提供学生选择的机会

但是，民办高校的课程和教师等资源与学分制的推行存在一定的排他性，无疑对学分制的推进有着较大的制约作用。为此，可采取以下对策：

（1）通过推行"主辅修制"来扩充学生的选择空间

可在现有科类及课程的条件下通过推行"主辅修制"来扩充学生的选择空间。在提高主修专业教学质量的基础上，大量开设辅修专业，扩大学生的选择空间，以满足学生选择课程和选择专业的需要。让部分学有余力的学生通过辅修的方式获取"一主一辅"两个证书甚至两个学位，从而为社会培养复合型人才，以提高学生就业的竞争力。

（2）有条件地转专业来弥补学生第二次选择专业的需求

现有的招生政策仍然是根据学生的高考成绩和志愿来确定专业，很难满足学生的需要。但如果任学生自由选择专业，现有的办学条件还远远不够。通过学生自由报名和考核选拔，在学校允许的条件下转专业，既可以照顾部分学生的学习兴趣，又能解决部分学生在专业学习中存在的困难。

（3）通过开发网络课程来缓解资源不足的压力

一方面，网络课程可以增加课程资源，另一方面，还可以缓解教室资源和时间段不足的矛盾。开发网络课程进行网络教学，可以是实时教学，即教师、学生在同一时间进行教学活动；也可以是非实时教学，即教师预先将教学内容及要求存放在服务器中，学生根据自己的时间安排，在网上下载学习内容进行学习。利用网络教学，教师上网辅导的时间以及学生上网学习的人数不受限制，可以解决因学生选择某些热门课程或优秀教师而造成教室容量不足的问题。同时，利用网络教学，对教室以及实验室资源的依赖不像传统的课堂教学那样突出，可以有效地缓解教室及实验室等资源紧张的局面。

（4）通过民办高校市场机制的优势扩大学生选择教师的范围

学分制改革是建立在选课制的基础之上的，因此，学分制改革要落到实处，首先要保证能开出足够数量的选修课。目前，影响民办高校选修课开设的"瓶颈"之一就是师资问题。因此，民办高校要将学分制改革真正推向深入。首先，加强师资队伍建设，采取专聘结合的方式挖掘师资资源，进一步引入竞争机制，以适应"生选师"的需要。要不断强化专兼职教师的综合素质，建设一支高素质的教师队伍。学分制向教师提出了更高的要求，教师不仅应具有厚实的专业知识、广博的文化素养和较高的学术水平，还能在交叉、边缘、新兴学科的科

研中有所建树，能开出高水平的选修课；其次，教师必须具备较高的职业道德水准，以学生为本，对学校负责、对社会负责，教书育人。

2. 面对民办高校的学生生源实际，应采取多种形式，营造有利于学分制的内部环境

（1）通过实行适当的警示机制以避免学生盲目选择和放任自流

从学生的个人发展考虑，学分制为不同基础、不同层次的学生提供了更加宽松的环境，但却出现了少数学生盲目选择或放任自流的情况。如果听任学生在 6 年或 8 年内选择，个别学生会出现 6 年或 8 年后仍然不能毕业的情况，从某种程度来说是耽误学生。因此，在民办高校的学籍管理中，增加转专科、试读及中期淘汰是很有必要的。

（2）通过调整管理方式来加强学生管理

学分制比较重视学生取得的学分和毕业资格，但却由于自由选课淡化了学年制的班级管理，放松了对学生的过程管理。民办高校学生的自我管理和自我约束能力相对较弱，部分学生对自身的发展目标也不够明确，在平常的学习中往往对自己要求不够，这样就容易被中途淘汰。因此，在重视目标管理的同时，还不能完全放松对学生的过程管理。

（3）加强"宿区"文化建设

随着高校以选课制为核心内容的学分制、主辅修制等弹性学制的推行和后勤社会化的逐步实现，高校传统的班级建制受到了前所未有的挑战。适时调整，重新定位，赋予大学生宿舍这一特定的育人区域即"宿区"以更深的内涵，重视并积极发挥"宿区"功能，着力加强以文化为核心内容的高校"宿区"建设，对于高校积极落实育人任务具有十分重要的意义。"宿区"文化作为校园文化的亚文化，是一种特定的区域文化，是大学生"宿区"内以价值为核心、并以承载这一价值体系的活动形式和物质形态表现出来的一种精神氛围，是长期形成的有特色的"宿区"精神、文化活动与文化环境的总和。丰富多彩的"宿区"文化对于大学生改善知识结构、开发潜能和陶冶情操具有重要的作用，对于加速大学生在生活目标、政治态度、价值取向、职业角色和人格塑造等方面的社会化具有重要作用。

3. 由于民办高校办学历史短，教学积累少，宜采取的措施

（1）通过成立选课指导小组和制定"学习计划套餐"来弥补导师制的不足

随着学分制的实施，学校必须加强对学生学习的指导、顾问与督促作用，建立必要的导师制，对学生的课程与专业选择、学习方法的培养，以及实践能力的锻炼等做出指导。针对民办高校师资相对不足的情况，可以根据学生的基础和学习状况，制订数套适合不同学生群体需要的学习计划，即制订数套"学习计划套餐"，供学生选课参考，可以较好地弥补导师制的不足。

（2）通过增加免修、免听和补考来减少时间冲突

自学能力强的学生，经任课教师检查读书笔记等自学材料并同意后，可以申请免修培养方案中规定的尚未修读的部分专业课程，直接参加课程的期末考试。上课时间局部冲突的课程，学生向院系提出申请，经批准后可以免听冲突部分的课堂教学。按照学分制的要求，学生不及格的课程要重修，而学生在重修时往往会与其他必修课的开课时间冲突。因此，从缓解学生上课时间冲突和节约教学资源的角度考虑，有的课程学生修读一遍后不一定非要重修。因此，除正常的期末考试外，每门课程允许增加一次补考机会，以完善条件约束下的重修安排。

（3）建立学校、社会间的学分互认机制

在当前的人才市场，社会用人单位对一些能力证书越来越重视，许多大学生也热衷于社会上的各类考证。为此，学校应做好引导和规范，并且要做好学校、学生与社会考试机构的协调和沟通，如要做好学校与学校之间的学分互认、社会培训机构考试成绩的认可等方面的制度安排，学校要做好学历教育与非学历培训之间的沟通与衔接，来扩充教学资源以扩大学生学习的选择范围。

第三章 民办高校教学管理变革与创新

高等教育的大众化和由此扩大的教学规模，促使我国大学的教学数量与质量之间的矛盾逐渐显现出来。对民办高校教育教学管理来说，高等教育改革市场化的取向对其有着内外平衡的要求。高等教育的未来发展呈现出国际化的发展趋势，使得各大民办高校都面临来自国外高等教育机构的挑战。因此，我国必须创新民办高校教学管理模式，完善教学管理机制，从而促使民办高校快速发展，提高国际竞争力。

第一节 教学管理机制

一、民办高校教育教学管理机制的内涵

民办高校教学管理系统包括教学管理决策者、教学者、学习者、教学评价员、教学主管等。除教学体系外，还有科研体系、后勤系统、人事管理系统、学生工作体系、成人教育体系等。所有这些体系和教学体系内的各种因素构成了极其复杂的动态关系。然而，为了实现民办高校内各要素的和谐统一与动态系统间的统一，就必须建立有效的教学管理机制。准确认识民办高校教学管理机制的内涵是教学管理机制建立的基本出发点，同时，也是建立教学管理机制的现实前提。

（一）机制

要了解民办高校教学管理机制的内涵，首先必须了解"机制"的内涵。但是，由于"机制"的概念本身是抽象的，而且不同的管理理念的理论基础不同，所以人们对"机制"的理解也不同。为了理解这个概念，我们可以从一个普遍的角度出发。机制与竞争密切相关，没有竞争，机制也可能就变得并不那么重要了。竞争可能引起的人与人之间的冲突需要通过各种有形或无形的手段置于一定的

要求之下。所有人类事务的集体性质能够决定某种自发机制的存在。任何社会活动都有一定的机制。机制起着指导和限制的作用。在教育领域全面实施市场化教育改革后，社会将对个体和集体教育行为提出相应的要求。因为市场在某种程度上意味着行动自由。但是，任何社会都需要限制个人和集体的行动自由，以确保实现公共利益。重要的问题之一是如何在竞争中有序地进行竞争并增加规模，同时，使最终结果大大优于每个个人单独活动的结果。人们对机制的理解可以分为以下几种：

1. 机制即制度

在人们对机制所做出的解释中，机制似乎总与制度联系在一起。从此意义上来说，制度运行以及同制度运行有关的组织系统内部的关系就是机制的含义所在。因此，要理解机制，首先必须理解制度。关于制度，人们通常认为，是指在一个社会组织或团体中要求其成员共同遵守并按一定程序办事的规程。由此可知，制度涉及两个方面的内容：一是人们生活于其中，既要保证个体利益又不妨碍他人利益的基本规范；二是关于制度的制度，即在制度确定之前，必须考虑一个为人们所共同遵守的制度应当如何被制定出来，也就是议事的规程或办事的程序。与制度相关的概念，就是"制度建设"，也就是通过组织行为完善原有规程或建立新规程，以便获得更好的效益。

2. 机制即博弈规则

从博弈论的角度来看，其实就可以将机制理解为社会的博弈规则，它是人类设计的，能够制约人们相互行为的约束条件。生活在社会里的每一个人的行为，都不是单纯的个人行为，而总会受他人影响或会影响到他人的存在、他人的行动。因此，每个人的行为都是相互行为。为此，社会组织的建构就必须考虑对人们的相互行为加以约束。例如，当若干人聚集在一起分蛋糕时，就必须考虑建立起能够切分蛋糕的机制，以使切分公平，同时，又使得这些人集合在一起而建立起社会组织。没有这样一个有效的切分机制，那么，不仅会使个人利益受损，而且将使得建立社会组织成为不可能。有效的机制就是"分切蛋糕者后取"。当然这里面牵涉到一个对人性的基本判断的问题。

这些约束条件可以是非正式的，也可以是有意识设计或规定的正式约束。

而博弈规则就是让参与的人采取行动，以及由参与人决定每个行动组合需要对应何种物质结果。所以从博弈论出发，还能从其他方面定义机制，即通过为组织安排某种制度，而约束或激发组织内部个体、群体行为的一种活动。由此可以得出结论，制度安排就是机制的核心，目的则是约束和激发组织内部中个体或群体的行为。

3.机制即系统内各构成要素之间相互作用的形式、运动原理与工作方式

这一解释是比较抽象的，所以需要进一步从管理学的角度予以分析。而管理学的研究对象则为复杂的管理系统。这样，一个先于管理学研究而存在的是系统的存在，一个基于自然系统而存在的是社会系统的存在。任何社会系统，都无时无刻不在运行着。像生命的有机体那样，要确保系统生命力和促使系统的不断演化，需要的就是系统内部所有构成要素的相互作用。在这一过程之中，需要注意两个问题：第一个就是系统运行的动力在哪里，也就是说系统为什么能像有机系统一样充满活力并不断地朝向某个神秘的目标前进；第二个就是系统前进的顺序是什么。关于这些，事实经验表示，系统的运动变化其实是有一定规律的。而按系统论观点来说，系统运行时的程序与动力，最终都要归结于内在子系统的机制，一种一经启动就可以自发不停地开始生生不息地运动的平衡关系。所以从管理学角度看，机制指的就是在管理系统内，各个要素与子系统之间相互联系、作用与制约的形式、运动原理与内在本质的工作方式。

结合上述机制的制度观和机制的博弈论观点，可把机制当成社会为了对个体、群体进行约束和激发，从而设计出的制度安排。而在这一定义之中，机制的主要功能有两个。第一个是对个体或群体进行激发，从而促使某种行为发生。而这种被激发出来的行为，正是组织所期望的行为。组织借助这些行为能够有效地实现组织目标。第二个是抑制个体或群体的某些行为的发生。这些被约束的行为是组织系统所不期望的行为，且它们的发生将对组织目标的实现产生严重的阻碍作用。同时，上述定义中所提到的制度是具有人为设计出来的正式规则的意义的。因为就人类的约束机制而言，大量的规则，即那些对人的行为有着重要的影响的习惯、道德、风俗等，乃是自发形成的；而人类设计出来的制度，

只是人类的各种规则中的一小部分。

（二）教学管理机制

鉴于对"机制"的理解，从抽象的意义上来讲，我们可以将教学管理机制理解成教学系统在操作过程中，其各组成要素间的相互联系和相互作用。这也是对教学运行过程属性的抽象概括。即使教学管理系统与很多要素有关，如时间、空间、人、财、物等，而且教学管理学所要研究的对象就是要素间的各种关系，但对于机制设计来说，人才是最关键的要素。所以，教学管理机制从本质上必须考虑人与人之间的关系。从个人或群体的意义上讲，人类双方的关系问题，即人与人之间的关系，人与团体，或团体和团体间的关系，才是管理者应主要考虑的。

在具体意义上，我们可将教学管理机制理解为，为了对教学组织系统内部中个体、群体的行为进行约束与激发所设计的制度安排，即教学组织系统。其中，教师、教学管理者、学生、民办高校内部与教学有关的其他人员都属于教学组织系统内部的个体，重点是教师和教学管理者；其群体则是上述个体的类的集合，如作为群体的教师、作为群体的学生、作为群体的管理者，等等。

组织系统内部各成员之间的行为是相互影响的，单纯地来看，一个制度安排也许是好的；但是由于它必然要牵涉到组织系统内部的其他成员，因而一个看起来好的制度安排实际运行后得到的可能是一个坏的结果。

二、教学管理机制的核心问题

从教学管理机制内涵方面来说，有两个核心问题。一是能够促使诸多行为发生的问题，即激发行为问题。从教师教学角度出发，教师要准备课程，翻阅各种类型的相关材料，对教学过程进行详细的设计，并且实施实验教学与课堂教学，指导学生的毕业设计与论文，以及为学生组织一些课外活动和社会实践等。这样一来，除了能够进一步提升学生的能力素质外，还有利于教师的发展与科学、学术研究。所以教学管理为了促使以上行为发生，就可以通过机制设计来达到，这不是短期的，而是连续的。二是抑制某些对大学生提升素质和发展能力没有促进作用的行为发生的问题，即约束行为问题。

但实际上，不管是激发还是约束教学行为，学校在建立教学管理机制时都应当将分析教学行为作为前提条件。所以，学校在建立有效教学管理机制时，应先评定教学质量，且鉴别与之相互作用的教学行为，还有各行为之间的关系、这些行为同民办高校内部其他方面的行为等之间的关系；此外，还需要考查激发或约束的行为与民办高校教学管理系统外部环境之间的关系。

这种鉴别对于教学管理机制的建立仍具有方法论上的意义。没有这种对教学行为及与其他行为之关系的鉴别，那么，一切有关教学管理机制之建立的构想都是虚空的。

需要特别强调的是，教学管理机制的设计不仅仅是激发或约束教师的行为的问题，同时，也是一个激发或约束教学管理者的行为的问题。

第二节 教学的常规管理

一、教学秩序与教学常规管理

通过使教学工作程序化、制度化与规范化，保证教学工作在不出差错且确保质量的情况下顺利进行，直到最终完成任务，就是学校教学管理工作基本的内容之一。

教学是对学生进行教育的根本渠道，同时，也是有组织和有计划的教师教、学生学的过程。教学常规管理历来是学校管理的重要内容，也是学校领导者的基本活动。教学的常规管理除了是学校确保正常运行教学工作的基础，还在促进教育改革和教师成长等很多方面均发挥着十分重要的作用。学校的教学管理工作是否能和谐顺利地进行的关键在于能否建立起正常的教学秩序。建立正常的教学秩序，是教学工作得以正常进行的保证，是提高教学质量的重要条件。

（一）教学秩序的含义

稳定、充满活力且协调的教学秩序就能被称得上是一个良好的教学秩序。教师创造条件为学生传授人类已经探究过的科学真理的过程就是教学，同时，也是教师对学生加以引导，从而使其将知识向能力转化的特殊过程。该过程与各年级学生的年龄特征、各年级的教材编排和课程设置等有关，也与教学任务、教学目的、教学方法和教学内容等各层次要求有关。学校管理者首先要考虑的，就是怎样使教学过程产生更好的教学效果，并建立稳定、协调且有活力的教学秩序。同时，这也是学校管理者必须做的工作。

稳定的教学秩序就是学校在一定的时期，按一定的标准，招收一定数量和质量的学生，开设一定数量的课程，使用一定质量的教材，使学生经过一定年限的学习，达到一定的成绩标准毕业离校。这是一个年复一年、周而复始地运转的过程。学校应当时刻按照教学规律办事。这样才能使教学过程正常地运转下去。学校应当根据自身特点，制定各种规章制度，使教学工作有章可循，照章办事，所有员工各司其职，互相支持和配合。

协调的教学秩序就是在上述各种因素既有各自的客观标准，互相之间又有相互制约的关系。课程的多少、教材的深浅繁简与学习年限的长短、入学程度的高低、教师教学能力的强弱，都应该相互协调吻合。如有一处脱节，就会引起紊乱，教学中的各种正常比例关系就会失调。

有活力的教学秩序要求改进课堂教学方法，让以学生为主体的课堂代替以教师为主体的讲堂，同时，也要将这两者能有机结合起来，使课堂教学与课外活动互相补充、互相推进，以扩大学生的科学知识视野，发展能力，增长才干，丰富精神生活和增强体质。这种师生与课内外的有机结合，能够陶冶学生的情操和开拓他们的思维，使其形成爱科学、学科学、用科学的直接兴趣，从而生动活泼、主动地学习。

稳定、协调、有活力的教学秩序，有助于教师顺利完成各项教学任务。学生的德、智、体、美全面发展是学校教育的根本教育目标。保证学生在德、智、体、美等方面都得到发展，是学校管理工作的全局目标。教学计划是学校管理工作这个全局的一个主要组成部分。而教学计划对于个别学科来说，又是一个全局。恰当地处理好这两个全局和它们内部的关系，是建立稳定、协调、有活力的教学秩序的关键。学校除了教学工作外，还有团、队、政治课教师和班主任系统的思想教育工作，以体育教师和校医为主体的体育卫生保健工作、行政管理以及总务等工作。学校的各项工作都要围绕教学这个中心。学校应制定相应的工作制度，为建立正常稳定的教学秩序而创造良好的条件。

（二）教学秩序的意义

1.是全面提升教学质量的保证

衡量教学质量的高低不仅要看智育任务完成的情况，而且要看德育、体育、美育等任务完成的情况。智育任务不仅强调基础知识和基本技能的教学，还要求通过课堂教学和课外活动发展学生的能力。真正高质量的教学，必须做到上述几个方面的有机结合，统筹兼顾。而要保证学生德、智、体、美诸方面全面和谐的发展，就必须建立正常稳定的教学秩序。只有这样才能把学生从过重的课业负担和频繁考试的束缚中解放出来，让他们学得开心，让他们在掌握知识的同时，提高其实践能力、自学能力和创造能力，让他们在长知识的同时，长身体、长才干，并形成高尚的道德品质和良好的行为习惯。

2.有助于防止教学管理混乱现象出现

近年来，涌现出一批坚持全面育人、减轻学生过重的课业负担、提高教学质量的先进学校。这些学校能够端正教育思想、加强科学管理、提高教师素质、改革课堂教学，建立了正常稳定的教学秩序，取得了十分可喜的成绩。但是仍有相当数量的学校任意改变教学计划，随意增减课时，频繁考试，布置过多的作业，让学生在校时间过长。所以，教学常规管理的首要任务就是要坚决防止这种混乱现象出现，努力建立正常稳定的教学秩序。

二、教学常规管理的内容和实务

（一）常规性的教务工作内容

1.学期初的常规性工作

学校在开学前后的工作重点就是保证班级的照常开始且尽可能快地回归正常教学轨道。一般来说，常规性工作是学期初最常做的。所以教务工作的首要任务就是前期的招生，编班，安排好课程表、作息时间，做好其他活动的表格，等等。这也可以说是为了学校能正常运转下去而制作出总运行图与调度表，反映了教学秩序，且充分体现出了教育教学的思想。

在学生基本办理完入学报到的各种手续的下一步，就是组织师生上好"第一课"。教师需要在第一堂课就给学生留下一个深刻且良好的印象，以便顺利进行之后的教学活动，达到让学生认识教师并相信教师的效果。一个良好的开端就意味着已经成功了一半。所以，教务管理人员一定要看准时机，适当、合理地对师生工作学习等积极性进行调动，努力把师生的兴奋中心转移到教学中，或者督促他们把重点放在教与学上。

2. 学期中的常规性工作

在开学之后到期中考试前夕，教务处工作的重点是多且复杂的，比如，制订并落实各科的教学计划和学生的活动计划、对全校学生名册进行编辑、时刻检查教学进度、将相关的规章制度修订好、组织教师会议并积极听取教师意见、查看教学成果、组织期中复习、考试等，达到教学过程中的第一个高潮。在该阶段中，各科教师还要在教务处的协助之下，开展课外学科的小组活动，对"课外教学"的活动计划进行落实。

而教务处在期中考试之后的工作重点，就是做好期中考试总结，在评估检查教学工作方面积极地配合校长。并且基于此，教务处还要学会分析重点学科的教学质量，从而有针对性地提出相关改进措施，与此同时，还要仔细检查教务工作本身有没有问题，在安排期末结束工作时也要尽量细致，从而达到教学过程的第二个高潮；预定下学期的课本，做好物质准备；同时，还可以面向全校组织教学观摩与教研活动。学期中的工作一般都属于常规性工作范畴内，只要按照教学计划的日程安排按部就班地做，是能够收到实效的。

3. 学期末的常规性工作

在学期末时，教务处工作的重点开始有所转向，即组织好期末考试，做好评分，同时，为之后的分析全校教学质量以及判定学生该留级还是升级提供充分的数据和素材，还要组织班主任填写学生以往的成绩与操行评定通知书；记录好各年级与各班学生的出勤率，并且公布；对期末之前的工作进行总结，收集好曾经评选出来的"三好学生"和"优秀教师"的材料；查看学生手册，做好期末的结束工作，并印发毕业证书与通知书等；同时，还要组织指导教师做好学期结束的各项工作，包括教师自身的教学总结、教研组工作总结，做好教务处自身工作的考核与评比，安排好假期工作，制订好下学期教学工作计划，下学期工作的总体安排，等等。学期末的这些工作是整个学校教学工作过程中的一环或一节，既承上又启下。因此，教务处一定要把这些工作做好，不能重开端而轻结尾，不能因为是学期结束了，存有马虎、潦草收场的心思，以致耽误工作。

（二）常规性的教务工作管理

1. 教务计划管理

（1）教务处教学工作计划

学校要在整体工作计划的指导下研制出教务处的教学工作计划。学校总体的教学工作计划，对整体工作计划来说是非常主要的组成部分之一，并且应当由校长来亲自主持编制该计划，而辅助制订者则由教导主任担任。

教务处的教学计划的内容主要包括以下几方面：制定并实施改进教学工作的措施；增强师资队伍的建设力量的措施；开展教学研究，促进教学改革的措施；完善管理制度、稳定教学秩序的措施；提高学生学习积极性的措施；加强实验室建设的措施；等等。

（2）教师教学工作计划

学校教学工作计划管理的基础性工作之一，就是指导教师制订好教师的教学工作计划。因为学校教学工作计划管理要落实于教师教学工作计划中，所以，教务管理者必须重视这项工作。教师的教学工作计划主要包括以下几方面内容：分析上一学期学生学习本科课程的一些情况，包括基本技能、知识、学习态度和方法、能力发展水平等方面；分析本学期课程的教材内容，包括基础知识与基本技能方面；分析教材体系的结构以及教材和教材间的关系；本学期提升教学质量和改进教学方法的措施；教学进度安排；等等。

教务处除了要负责学校教学工作计划的制订与实施外，还应当指导学生制订自己的学习计划，使学生的学习有计划、有目标地进行。

2. 教务组织管理

在制订好学校教学计划以后，教务处就要担负起教务组织管理工作，诸如排课、调课、代课和补课，检查教学进度，检查教学质量，听取教师的意见和建议，召开教师会议，组织班主任填写学生的平时成绩和操行评定通知书，组织教师或学生进行教学或学习经验交流，详细记录与公布各年级与各班学生的缺勤情况，收集好"三好学生"和"优秀教师"材料。教务常规工作的基本职能即组织实施，而常规管理的基本职能则是组织管理。一般来说，学校对教务组织管理都是非常重视的，尤其重视教务组织工作里的统计管理。

　　加强教务统计管理，可以使学校时刻掌握发展动态与基本情况，从而在遇到问题时能及时地采取有效措施。学生的考勤统计、基本情况统计、学习负担情况统计、各科成绩的统计，以及完成教学计划的统计等都属于教务统计的范畴。而统计报表则包括了学生概貌报表，其中，有全校学生人数、男女生分别的人数、户籍、来源、民族、党团员人数等内容；教职工概貌报表，其中，有教职工总人数、男女教师总人数、每个专业的人数、教师文化程度、年龄、退休教师人数等内容；学生的迟到、旷课、早退人数报表；学生考试成绩统计报表；教师出勤情况报表；等等。

三、课程改革与教学方法管理

（一）根据教学方法的多样性进行管理

　　教育学教科书一般会介绍八九种教学法。但教师在教学实践中所使用的教学法的数量不是固定的。所以，在教学过程中，不是单一的教学方法对教学起作用的，而是由多种教学方法构成的教学方法群对教学发挥作用的。除了一般的教学法外，各学科教学都有各自的教学法，如数学教学法、语文教学法等。某一门学科的教学法又可分出许许多多的教学方法，如外语教学法中的听、说、读、写教学法。即便是阅读教学，还可以分出精读、泛读、快速阅读等方法。总之，各门学科都有着大量的教学方法。

　　教学方法的多样性受多种因素的制约，如教学任务、教学内容、教师特点、学生特点、教学条件。教学方法的多样性要求学校领导者在进行教学方法的管理时，首先，要求教师学习和掌握多种多样的教学方法；其次，要指导教师根据实际教学的需要，运用多种方法进行教学；最后，还要热情支持和鼓励教师进行教学改革和实验，创造新的教学方法。当然，教师对教学方法的使用应持慎重的态度。教师要对各种教学方法进行认真分析和筛选，结合教学实际加以利用，绝不能孤立地、单独地运用某一教学方法进行教学。

（二）根据教学方法运用的综合性进行管理

在一节课上，教师不可能只采取一种教学方法就能达到教学目的，因此，就需要将多种教学方法结合起来，再综合运用。比如，教师在上物理课时，一般为了证明力学原理会用到演示法。但实际上，教师往往会首先进行复习检查，向学生提问并对上一节课的内容进行指导；再次，在教授新课时，教师又往往以提问为主，让学生产生疑问，再演示相关教具，且在演示过程中引导并启发学生进行观察与思考；最后，基于教师的提问与学生的回答情况，简单并抓住主干问题讲清楚力学的原理究竟是什么，让学生记好笔记，并布置作业练习。

在这一系列的活动中，教师运用了多种教学方法，有检查复习法、演示法、指导观察法、讲解法等。

教学方法的运用之所以具有综合性，有以下几个原因。一是因为教学内容是复杂的。尽管每节课的主题可能是一个，但围绕一个主题还有多个具体的问题，所以，教师应根据教学内容采取多种教学方法。二是学生的学习是一个过程，所以，教师在不同的阶段应采取不同的教学方法。三是某一种教学方法对某一节的某部分教学内容起作用，但不会对所有的教学内容都起作用。因此，在教学过程中，教师应将各种教学方法结合起来。

根据教学方法运用的综合性特点，管理者在管理过程中要指导教师综合运用各种教学方法，将各种教学方法有机结合起来，既可以以"一法为主，多法相助"，也可以"多法并用，相互补充"。如果教师一节课只用一种方法，就易使学生倦于听课，达不到期望的教学效果。

（三）根据教学方法的艺术性进行管理

对于教学法，教师要认识到"教学有法，教无定法"的特点，正确处理"有法"和"无法"的关系。"教学有法"是指在任何一种教学活动中，教师都要运用一定的教学方法。"教无定法"是指教师在教学过程中不能固守某种教学方法，不能将教学方法公式化，而应根据教学的需要灵活运用。"教学有法"讲的是教学方法的科学性，"教无定法"讲的是教学方法的艺术性。所以，教师在教学过程中，既要注意教学方法的科学性，又要讲究教学方法的艺术性。

教学方法的艺术性是指教师在使用教学方法时，不能按照固定的程序使用，要根据条件和需要，善于将教学方法创造性地运用于教学实践中。教学方法如何使用，什么时候使用，主要取决于教学的实际情况。

教学活动是师生的双边活动，可以充分体现出师生双方的主观能动性。随着教学活动的推进，学生的心理活动、学习表现会出现新的变化。不同的学生对同一的学习内容有的不同表现。即使是同一学生，也会因学习内容的变化而有不同的表现。比如，教师在运用讲授法进行教学时发现学生没有兴趣，就应运用其他方法激发学生的求知欲；在学生感到疲倦时，教师可以运用有趣的方法，启发学生的学习兴趣，消除学生的疲劳感。

根据教学方法的这一特点，在教学方法管理中，管理者应强调教师熟练掌握各种教学方法，要求他们灵活地、创造性地将教学方法运用于不同的教学情景中。只有灵活、巧妙地运用各种教学方法，才能产生良好的教学效果，才能充分发挥出教学方法的作用。

（四）根据教学方法的发展性进行管理

教学方法是随着社会发展和教育发展而发展的。没有永恒的教学方法。教学方法的发展不仅指量的增加，而且指质的提高。教师不仅要创造出更多的教学方法，还应根据教学的发展不断改善教学方法。

首先，管理者应鼓励教师学习古今中外优秀的教学方法。我国历史源远流长，有着丰富的知识宝藏。在教育方面也有许多值得我们今天借鉴和发扬的内容。管理者应鼓励教师认真学习我国古代的教育方法，剔除其糟粕，吸收其精华。我国古代教育家们创造的许多教学方法仍然具有旺盛的生命力，如"启发诱导""长善救失"等。

其次，管理者应支持教师在实验的基础上大胆创新。学校教导主任要认识到教学方法对实现教学目的的桥梁作用，应鼓励和支持教师不断去实验，在实验的基础上创造出新的教学方法。

再次，教学方法改革要和教学的其他改革配套。教学方法应服务于教学思想与教学目的。而制约它的则是教学对象、内容与组织形式等。并且，若不改革传统的考试制度与教学指导思想，教学方法是很难得到发展的。所以，教学方法改革应和学校教学整体改革相结合。单纯的教学法改革效果不会太好。

最后，教法改革和学法改革并重。教学过程是教和学的统一的过程，是一个过程的两个方面。因此，教学方法改革是教法和学法两方面相互协调和统一的改革。长期以来，教师对学法重视不够。实际上，教法是为学法的有效性服务的。教师在教学过程中应加强教法和学法统一的研究，促进教学方法的发展。

四、教学方法的优化

（一）从注入式转向启发式再转向学导式

所谓"从注入式转向启发式再转向学导式"揭示了学导式由启发式发展而来，启发式由注入式发展而来。

其中，注入式又可以被称为填鸭式，主要是指教师并不关注学生在现实中的知识水平、理解能力和认识过程的客观规律，只是一味地灌输给学生现成的知识结论，从自己的主观方面掌控教学进程，且仍旧实行让学生死记硬背的模式。

而启发式则指的是，在教学过程中，教师按照学习过程的客观规律，对学生进行引导，使其能自觉掌握知识的教学方法、理论等，淘汰注入式方法。我国教育的指导思想与原则一直都是启发式教学。但是，由于学校管理水平和教师素质不高，启发式教学长期以来一直处于"启而不发"的状态。

学导式教学是由启发式教学发展而来的，它的教学方法就是，在教师引导下，教师对学生采用个体结合群体的方式，使其自主、直接和快速地参与教学过程中，让其在教材中获取知识，形成学力掌握学法。这是学导式教学法的完美形态。这种教学方法除了要求教师对教学中的人人关系和人书关系加以重视外，还要求教师对教学系统空间因素进行考虑，考虑教学内容的量度、密度，注意教学的速度与节奏，高速高效地安排教与学的过程。从学生角度来说，学导式教学是一种主动学习、自主学习活动。由此可以看出，启发式是对注入式的否定，学导式是启发式的升华。

（二）从依赖教学转向自主教学

学生对教师有着很强依赖性的教学活动即依赖教学，其有着"一维性"特点，也就是只有一种目标与结果。在依赖教学过程中，教师统一安排教学内容、统一制定教学目标和统一使用教学方法，而学生则会因为教师让自己学习才学习，觉得学习是教师要管的事。依赖教学的"一维性"使一些学生"吃不饱"，有的"吃不了"，有的"吃不好"。

学生受教师引导，主动地参与到教学的全过程，且能够自主地进行学习活动就是自主教学。这一教学活动有着"多维性"特点，也就是会有多种目标与结果出现。教师对学生予以鼓励，让他们按照自己的能力与特点参与制定教学目标，并且促使他们通过提出方式、策略而实现自我强化，以便能够在最大程度上按照特点制定出教学目标。

从依赖教学到自主教学，既是一种改革趋势，又是一个渐进过程。作为一种教学方法，自主教学要求教师在学习需求、学习方法、学习过程、学习资源、学习时空、学习评价等方面促进学生增强自主性，要求学生明确使命感与目标追求，还要具备创新意识与活跃的思维，并且可以自发地对自身学习行为进行监控与协调。

（三）从认知教学转向情知教学

认知教学的教学过程是感觉——思维——知识、智慧,偏重智力、逻辑、分析、科学领域。它的特征：教师不给学生观察、思考、提问题、自己动手的机会，一味翻来覆去地讲，而学生依样画葫芦地做习题。学生摸不清学习的具体目标，不知道自己在学习的长途中走到了什么地方，走得怎么样，应从哪里努力，等等。

情知教学的教学过程是感受——情绪——意志、性格。它的基本特征是：强调教学过程是认知过程与情感过程的辩证统一，因而情知教学不但重视研究教学过程的认知因素和智力因素，而且重视研究教学过程中的情感因素；不但重视认知功能中反映作用的发挥，而且注重情感功能中动力作用的发挥。

第三节　教学管理模式变革

一、当代民办高校教学管理观念的变革

（一）由"以物为本"转变为"以人为本"

如今，当代的民办高校教学管理想要贯彻"以人为本"思想，就要面向基层、

服务对象与教学活动等。所以，管理者不管要实施哪一项与教学管理相关的制度、政策与措施，都要将这一点作为前提，以促进教师教学活动的自主性与创造性、学生学习的积极性与主动性等，以便能够对学生的实践能力与创新精神进行培养，从而在最大程度上发挥其创造性、主动性。因此，当代民办高校教学管理的观念应转变为以"人"为中心的民主型管理观念。当代民办高校教学管理应改变被管理者、学生与教师的被动地位，使他们既属于管理对象一类，同时，也能具备管理主体的观念；与此同时，还应采用民主与参与式的管理方式，充分保证教师顺利地参与教学管理工作，并提出与教学管理有关的建议，以有助于学校教学管理工作的顺利开展，保证教学质量。

管理者与被管理者间存在双重关系，也就是工作关系和人际关系。工作关系主要强调责任，而人际关系则强调感情交流。在学校教学管理过程中，管理者需要保持双重关系的大致平衡。从被管理者角度来讲，管理者除了需要强调其工作关系，严格要求被管理者且坚持原则外，也应注意到人际关系的重要性，即要增进彼此间感情，爱护被管理者与关心被管理者。

（二）坚持"教师主导，学生主体"的教学原则

"教师主导，学生主体"的教学原则强调让学生在学习时明确自身地位，要以教学主体而存在。因此，教学活动的最终效果或评估系统不是基于教师所教的内容，而是基于学生所学的内容以及其对他们的素质产生的影响。从本质上来说，这是"以人为本"的思想在教学管理过程中的重要体现。

二、当代民办高校教学管理模式的变革

当代民办高校教学管理模式既要严格也应宽松，也就是办事应当严格遵守规章制度，一视同仁；但同时，对于创造性人才的培养，在管理模式方面也应较为柔软和有弹性，充分对学生潜力加以挖掘，并为了发展其个性而创造条件。所以，管理者在教学管理中应当时刻对规范、严格与灵活性方面进行处理，并提供充分的空间与时间给学生，让其发挥自身的个性，进而让其创造性思维在一种宽松的环境氛围中得到发展。

与工业经济时代"标准化"教育的"刚"性管理相比，当下知识经济时代

的教育是一种建立在鼓励创新教育基础上的有较高理论水平的"柔"性管理。因此，我国民办高校尤其要对"刚"性教学管理制度进行改革。在深化教学管理改革中，教师需要发挥很大的作用。因此，管理者必须鼓励教师积极参与教学管理改革。现行的管理制度已经有些阻碍改革的进程了，比如，很多大学都实行了教学工作量制度，主要通过计算教师承担教学任务的总量来调控教师的工资与奖金。但是，在改革教学管理的过程中，教师经常会投入很多精力，比如，编写新教材和制订改革方案等。在大部分情况下，其现在的工作量一定会超过原本的教学任务工作量。但这一过程几乎不会体现在教学工作量标准中。这就导致了教学管理改革动力不足的问题。因此，民办高校需要出台一些政策，保证或勉励教师能够积极地实施教学改革。这也是目前教学管理需要进一步解决和研究的问题之一。

　　但是，如果不减少现有的学时，就无法让学生有时间和精力选择自己真正想选的课程。从表面上来看，实施学分制的做法提供了很多学习条件给学生，但是因为时间上可能发生冲突，课程也可能太满，所以这些都将会导致学生基本不可能超前修课。虽然目前国家已经淡化了专业类别，但是对于具体的人才培养计划来说，其"专业性"依旧很强，学科交叉的目标还是可望而不可及。因此，改革现有的教学管理模式与方法是教学管理改革的突破口。

　　在人才培养模式中应用先进的教学思想观念有赖于民办高校教学管理部门的有效协调、组织和实施。例如，民办高校教学管理部门的一项重要任务就是制订人才培养计划。其遵循的原则是否符合培养创造性人才的要求、是否协调了各方的关系，对深化教育教学改革有着举足轻重的影响。对于课堂的教学评价来说，传统意义上的突出重点、逻辑性强和解决课堂问题等是上好课的基本标准。这一基本标准主要服务于传授知识的教育模式。而从学生创新精神的培养角度来说，传统的教育方式是不可能做到的。所以，民办高校的教学管理部门应当先制定出教师教学的评价标准，并在教学诊断时以现代的教育理念为指导，激发教师教改积极性。

　　在改革了教学管理模式后，民办高校教学管理部门就要改进教方面的管理和学方面的管理，主要应关注学生的学习方法、态度、习惯与效果等。在人才

评价标准方面，标准过于单一机械，往往会压制学生的个性发展，扼杀了其创新精神。所以民办高校教学管理部门应当正确对待每位学生，且支持其个性的发展，使其能够开发自身潜能、发展独特个性、培养自身兴趣爱好等。因此，民办高校应建立有利于学生和教师培养创造性的科学评价体系和评价方法。

第四节 教学管理的信息化创新

一、民办高校教学管理信息化建设的意义

高等教育必走的强业之路就是要保证能够快速平稳地实现教育的信息化。为了满足我国当前高等教育不断扩大招生规模、不断增强校内建设的需求，建立民办高校信息化管理教学体系十分必要。学校中教师的数量在不断增多，学生的数量更是逐年增长，就使得管理学校的工作难度加大。国内的民办高校教务部门逐渐投入现代信息化的教学管理体系建立工作中，逐渐带动教学模式信息化的快速发展。同时，国内民办高校教学管理体系还要实行相对统一的运行标准，以保证各大民办高校间能顺利地合作进行教学管理、学籍档案管理和用户管理等方面的工作，也会有效降低之后在共享工作信息资源中的出错频率，提升工作效率。

民办高校建立信息化教学管理体系，除了可以提升教学信息的处理能力，加大信息贮存的管理力度外，而且可以让校内的教学管理工作实现有序化发展。这样一来，就能在一定程度上减少管理人员的工作量，防止由于部分管理人员的态度不认真而导致信息遭到扰乱的现象出现。这充分体现出在教学系统中，教学的管理工作起着重要的作用。

入学时，学生要将档案和信息交给教务部门保管。所以，学生未来发展的前途与命运多半是由教务管理部门决定的。所以，在日常的工作中，教务部门一定要时刻保证自身部门的时效化与高效化，及时地给学校领导、教师以及学生提供他们所需要的信息，从而使其能够在工作、学习中时刻共享信息资源。这样将非常有利于提升教职工的工作效率和学生学习的效果。同时，教务部门还应不断鼓励高水平的教师对校内其他教师和学生加以引导。

二、民办高校教学管理信息化平台

（一）民办高校教学管理信息化平台的内容

教学管理信息化平台的建立是目前民办高校教学管理的重点。建立教学管理信息化平台是民办高校教学管理信息化发展的核心所在。所以，教学管理信息化平台一定要包括以下几个板块的内容。第一，用户的管理。设定的用户人群范围可以是学生、教师和其他人员。这些人员需要输入账户名和密码，被允许通过后才能访问平台，从而进一步保障教学管理系统的安全。另外，教学管理信息化平台应使用户在选择板块内容时相对自由，但不允许用户随意地更改信息。第二，课程的管理。教学管理信息化平台应能使平台管理者及时地对开设的课程以及与课程相关的信息进行录入，如录入课程用时和课程代码等信息，而且应方便教师与学生及时找到关于课程的相关资料。第三，智能化排课。排课的合理程度与教学结构的合理优化是相互直接影响的。系统也会按照具体教学状况来优化教学资源。第四，教学计划制订。平台应能够便于学生找到自己的完成学业的情况以及学习状况，为毕业做好充分的准备。第五，对教材的针对性管理。该类管理的目的是让教师和学生都能及时地领到教材，推进学习进程；方便对书籍进行管理，同时记录好购进书本的价格、版次、出版日期等信息。第六，注册管理。学生在人工注册完成后，要到网上再一次进行注册。之所以这样做是为了避免学生遗失自身信息的情况出现。第七，成绩与学籍管理。学生学籍的主要信息包含学生的日常表现、在校的成绩记录等。网上这些信息都是可以被查到的。这样，不仅能够减少教师的工作量，还能提高对学生的管理效率。

（二）民办高校教学管理信息化平台建设的策略

民办高校要想建设高品质的信息化教学管理平台，就必须谨记"人不在于多，而在于质"，也就是要尽可能减少用工数量，以最小的投入换取最大的回报。所以，这样的选择势必会促进民办高校教学管理信息化建设。

1.严格遵循设计教学管理信息化系统的原则

首先，设计者对于信息化教学管理系统中所需要的资料都要事先考虑到，并对每个系统建设的细节有相对充分的了解。这样做可以为教学管理信息化平

台的后期设计提供有力的现实依据。在设计的同时，设计者还要结合当前民办高校发展的具体情况，保证不脱离实际，且基于学校发展的具体要求来对信息化教学管理系统进行设计。其次，设计出的系统应尽量简单且方便操作，避免出现非常繁杂的页面与复杂的启动程序等。设计者在页面的首页就要设置提示，以便能让用户找到其所需要的信息。这也正是保障民办高校教学管理体系信息化的主要推广原则。再次，设计者应明确工作流程。这意味着在具体操作中，设计者要把握规范，不能违背原则进行操作。在平台板块的设计上，设计者应尽可能贴近教学实际，实现各方渠道信息的一致性、完整性，防止发生信息被错误获取的问题。最后，设计者应建立有效的信息反馈板块，让使用者在亲身经历之后提出合理的意见和建议，提高信息化教学管理系统的使用质量。

2. 明确教学管理信息化平台的基本组成部分

教学管理信息化平台必须具有以下的基本组成部分：学籍管理模块、校内资源管理模块、教务信息管理。其中，校内资源管理模块包括教室资源、精品课程、课程资源，以及教师资源管理等方面；学籍管理模块包括已修学分的查询、学籍信息以及学历有关的信息查找；教务信息管理包括课程信息、考试考核、培养计划等。信息化教学管理平台就是由这三大模块组成的。这三大模块除了能保障平台高效运行外，还有助于实现资源的共享，以方便学生和教师获取信息资源。

3. 建立高质量的网络维护安全网

智能化网络系统对信息化教学管理平台来说是非常重要的。但对于网络系统来说，其各方面经常会受到威胁，具有可侵害性与不稳定性。因此，对系统自身的安全性的保障应当是教学管理信息化平台维护的重点，使其尽量少受到外界的干扰。目前的教学管理系统主要是基于校园网进行建立的。设计者需要运用较强的技术手段，提供一个能及时处理和可信度高的信息平台，同时建立高质量的网络维护安全网，进一步实现平台信息化的不断发展，从而保障信息的安全。

三、促进民办高校教学管理信息化建设的具体方法

（一）更新教学观念，加大教学管理信息化的建设力度

在改善教学管理信息化的环境方面，教师的观念是非常重要的。而且学生受到教师的影响也很大。正是因为这样，教师才要首先起到带头作用，勇于使用新方式进行教学，敢于尝试新科技，逐渐引导学生慢慢适应并积极应对目前的新教育形式。此外，学校还要对校内信息化教学管理应用观念进行加强，紧密联系起正常的教务体系与信息化的教学管理工作，不断深化信息化教学管理系统改革，保障信息的安全，加强对信息化教学管理平台的监督管理工作，保障平台的正常运行。

（二）建立优质的教学管理体系，不断提高工作效率

民办高校教学管理信息化是不断发展的，因此，信息化管理水平和管理人员的工作效率就会显得非常重要。所以，为了进一步适应当前发展要求，各部门之间应积极地配合。学校的领导还应建设出一支优秀的教学管理队伍，提高教学管理信息化的水平，增加校内管理人员参加培训的机会，使其走出去，引进更多的高端教学模式，鼓励管理人员，使其努力提升自身的专业化素养，同时，提高应用现代化科技的水平，培养管理人员思考与解决问题的能力，避免教学管理工作中可能会出现的弊端，从而促进教学管理系统信息化的快速发展。

（三）保障教学管理信息化平台的科学性

教学管理信息化平台的建设需要信息资源和信息技术的支持。管理者在平台的开发设计过程中要充分结合学校当前的实际情况，做出合理的调整，以提高建设速度；针对整个设计开发过程，从事开发设计工作的人员一定得是专业的团队，同时，需要有一个具有较强决策能力的领导参与其中，以加快整体设计开发进度；当系统正式投入使用后，管理者应安排专业人员不断依据用户的一些意见进行调试和修改，从而更好地体现出教学管理信息化平台的智能化和科学性，满足用户信息处理、收集、共享和管理等方面的要求，提高平台的使用价值。

（四）建立相关的系统管理制度

建设教学管理信息化平台不光需要专业化团队的管理、各种技术的支持、教学观念的更新，还需要正确的系统管理方式。所以，要快速建立健全民办高校教学管理系统，管理者就应当制定合理的管理规定，以便对教学管理信息化系统进行监督，避免不合规定的情况出现，从而影响系统的应用性。与此同时，良好的管理制度能使民办高校内部管理人员及时依据实际状况修改系统，对信息进行更正，以防信息错误从而影响正常工作。

第五节　教学管理中的新媒体管理

一、新媒体的界定

其实到现在，人们对于新媒体仍没有一个非常统一、明确的认识。新媒体与传统媒体相比，属于在广播、报刊和电视等传统媒体的基础上发展起来的新形态。新媒体利用了网络技术、数字技术与移动技术等，并通过无线通信和有线网络等渠道，还有手机、电脑等服务终端，最终使用户接收到信息和娱乐的新媒体形态。而即时性和交互性、超文本与多媒体、共享性与海量性、社群化和个性化等都是新媒体所具有的特点。

二、民办高校新媒体教学环境构建与管理

（一）多媒体教室构建的原则

1. 实用性

实用有效是多媒体教室主要的构建目标。只有操作简单、切换自如、效果良好，才能最大限度地发挥设备的作用。

2. 可靠性

系统构建方案的首要设计原则，就是确保设备长期稳定和人机安全等，以便在运行系统中，为用户提供有效的技术手段，从而降低用户的人工与资金成本。

3. 先进性

相关人员在对设备进行选型时应当随技术发展的方向而做出相应的调整，

尤其是在对中央的控制软件进行选型时，更要充分体现系统的整体先进性。

4.扩展性

多媒体教室能否和 Internet 相连，能否调用教室外教学资源是判断多媒体教室可扩展性的首要标准。

5.安全性

考虑到在非教学时间内，使用教室设备的安全性，相关人员应当按照设备的规格定制操作台并兼顾防盗、防火。

6.便捷性

多媒体教室设备应可以实现一键关机或是远程操控关机功能，以方便教师操作。

7.经济性

实用功能是设备选型和系统设计中最为注重的。因此，应当相对降低总体投资，让经济性和先进性实现完美统一，以及价格比和设备性能的综合最优化。同时，一切都要从学校教学管理的实际出发，拒绝一切学校用不到的、华而不实的东西。

（二）多媒体教室的构建

1.单机型多媒体教室的构建

（1）电子书写屏

电子书写屏可以代替显示器，并具有黑板的传统书写功能。其主要功能为同屏操作、同屏显示、自动排版、文书批改、手写识别、动态标注、后期处理等。使用电子书写屏可有效避免多媒体教室设备因使用粉笔灰尘过多而导致出现故障、影响设备使用的情况出现，尤其是投影机因灰尘过多而频繁保护停机，以及液晶投影机的液晶板因灰尘过多产生物理性损伤的情况出现，同时，为教师提供洁净的教学环境，有益于教师身心健康。

（2）投影机

相关人员应按照多媒体教室的不同大小，而配置出具有不同对比度与亮度的品牌液晶投影机。在一般情况下，对比度与亮度越高的，投影机的价格也就

越高。同时，因为多媒体教室中最消耗的就是投影灯泡，所以相关人员在选择品牌投影机时应尽量避免以后购买灯泡困难的情况出现，但也要注意保证质量；另外，要注意使用亮度稳定且寿命较长的 UHP 冷光源灯泡的投影机。

（3）操作台

相关人员应根据设备规格科学合理地设计定制操作台，要考虑到使用的方便性，并兼顾防盗性。应用电控锁作为操作台门锁，通过中央控制器实现一键开、关机，即一开即用、一关即走，极大地方便教师使用。

单机型多媒体教室的构建应根据多媒体教学特点采取优化措施，不配置其他不常用或多余设备，使整个系统简洁明了，利于教学与管理。

2. 网络管理型多媒体教室的构建

（1）中控系统

网络管理型的多媒体教室大多都是采用网络中央控制系统。这一系统有丰富的接口、功能强大，且有着高集成度的特点，并且还内嵌了网络接口，采用了 TCP/IP 技术，通过校园网间的互联来进行远程的集中控制。控制方式则有三种，即通过软件、网络与手动面板来控制。

（2）操作台

相关人员也应按照设备的规格来合理设计定制操作台，以此来满足使用方便、防盗的要求。在开启操作台门锁时，可以进行本地操作，也可进行网络远程控制。也就是说，中控系统联动的控制锁也能充当操作台门锁，多种设备联动后可以达到一开即用、一关即走的效果，非常方便。

（3）监控点播系统

管理人员能够通过使用监控系统远程对教学动态进行把控，并且还能通过有关的控制软件来让教师同步对上课视频与计算机屏幕内容进行录制，从而真正实现转播与即使点播的功能。

（三）多媒体教室的管理

1. 管理系统建设

管理系统建设分为多媒体教室教学管理系统和多媒体教室网络控制管理系统。教学管理应由目前普遍使用的人工安排多媒体教室逐步过渡到网上预约，通过开发适合本校实际的多媒体教学管理系统，采取智能化预约，提高多媒体教学的管理效率。

多媒体教室网络控制管理是指通过该系统时在主控室内控制多媒体教室内的相关设备，实现设定功能，并能实时与任课教师进行交流，保障教学正常进行。学校应根据教学实际多方论证，选择适合本校的多媒体教学的系统。多媒体教室网络控制管理系统的应用将使反映问题和解决问题变得更加快捷。管理上的方便、直接和高效，解决了多媒体教室数量增加后管理复杂、人员紧张的难题。

2. 管理人员建设

学校应以人为本，明确人才队伍建设对多媒体教室管理的作用与地位，在加强多媒体教室硬件建设的同时，应注重和加强管理技术队伍的建设。多媒体教室管理技术队伍是多媒体教室建设的骨干力量，对保障多媒体教学正常进行、教育技术与课程整合起着重要作用。因民办高校各学科教师对多媒体技术掌握程度不一，管理人员的任务不仅仅是建设、管理好多媒体教室，同时，应根据教师需求承担起多媒体技术培训的任务，更好地为教师服务、为教学服务。

学校在人员建设方面应渐渐在管理技术队伍中引进高层次和高学历的人才，从而对队伍原本的知识结构进行改善；同时，还要在现有技术人员的基础上，对培训计划进行较为详细的制订，使他们提升实践技能与业务水平，以适应技术的发展和多媒体教学的需要；重视和发挥管理技术队伍的作用，用好人才，积极创造条件，调动人员的工作积极性；加强考核，建立人员考核制度，建设一支业务水平高、富有团结协作精神的管理技术队伍，使其为学校教学科研工作做出积极贡献。只有不断优化结构，提高素质，建设高水平管理技术队伍，才能充分发挥现代信息技术的作用。同时，管理技术人员通过构建多媒体教室，在实践中积累经验，有利于更好地为教学服务。

3. 管理方式建设

（1）自助式管理

自助式管理是指教师在掌握了多媒体技术与设备操作规程之后实行的多媒体设备的自我管理。在每学期的开学初期，学校应根据教室设备的差异让需要使用多媒体教室的教师分开进行技术培训，在培训结束后发放相应的资格证书；

并在使用后的一段时间内安排管理人员进行现场跟踪，记录相应教师的操作能力，有针对性地对其再次进行培训，对能独立操作的教师核发独立操作证书，对其采用自助式管理措施。教师在上课前到规定地点领取相关钥匙即可，由教师自行操作设备的开关。自助式管理适用于相对分散、无法或不适合安装管理系统的多媒体教室。该措施的实施能有效缓解管理人员紧张的局面。当然这需要相关职能部门的配套支持。

（2）服务式管理

对于实行网络管理的装有监控系统的多媒体教室实行服务式管理。服务式管理是指教师无须对设备开关进行操作，通过网络管理系统在上课前 5～10 分钟内开启全部多媒体教室教学设备，教师直接使用设备即可。管理人员通过监控系统全程监控设备使用情况，并在上完课后，检查设备状况并关闭设备与操作台。

管理人员在服务式管理与自助式管理过程中应加强设备管理，加大巡查力度，做好记录，及时了解设备使用状况、投影机灯泡的使用时间，定时还原计算机系统等。这极大方便了教师的使用，提高了效率，同时，体现了管理为教学服务的思想。

多媒体教室的构建与管理是一项系统工程，管理人员应在实践中不断摸索，及时沟通，以教学为本，完善管理机制，最大限度地保障多媒体教学正常进行，促进技术与课程的整合。

第四章 民办高校教学资源开发与管理

随着我国对高等教育的需求不断增大，高等教育资源短缺问题依然存在。面对这一问题，仅仅通过加大教育投入是行不通的，实现高校教育资源的共享则成为有效提高教育资源利用率的有效途径。而我国民办高校由于各种原因，在教育资源共享方面存在着更多的局限性。因此民办高校教学资源的开发与管理也是民办高校办学中的重中之重。

第一节 物力资源管理

一、民办高校教学设施管理的任务

民办高校教学设施管理的基本任务主要有以下几项：

（一）整建环境

学校环境建设是民办高校教学设施管理的重要任务之一。优良的学校自然环境是一种积极的教学因素，是优良校风形成的标志之一，也是办好学校的一个不容忽视的物质条件。

（二）完善设备

不断完善民办高校教学设备，是民办高校教学设施管理的一项重要任务。要完善教学设备，就必须使其标准化。为此，许多国家都制定了教室、实验室、体操房、课桌椅等学校设备的国家标准，而且对学校图书馆藏书的最低限额也做了规定。

完善教学设备的目的是使教学设备尽可能地符合学生的身心发展特点。例如，如果学生使用的课桌过低，身体必须前倾，那么使其内脏器官和血管受压，容易造成脊柱弯曲；如果课桌过高，学生写字时眼与书本的距离过近，那么容易引起视力减退等。因此，只有根据学生的实际情况来完善设备，才有助于学

生学习。

（三）管好设施

管好设施具体体现在以下两个方面：

第一，校舍布局合理，教学区、运动区、生活区等区域划分明确，互不干扰，使教育与服务有机协调。

第二，要加强管理，保障学生及教职工的安全和健康，如校舍的建造应力求坚实，理化实验室、语音室等要严格防止出现触电事故，等等。

二、民办高校校园的规划设计

校园环境建设要通过校园的规划设计体现出来。一般来说，在进行校园规划设计时，要根据学校的规模和性质，从整体出发，因地制宜，构建一个完整的室内外活动空间，并营造出环境优美、使用方便的学校校区。

学校规划设计应做到以下几点：

1. 因地制宜

校园的总体规划设计应因地制宜，合理利用地形、地貌，并且根据需要适当预留发展余地。教工住宅应纳入城市建设规划统筹安排，不应建在校园内。

2. 合理布局

校园总平面设计宜按教学、体育运动、生活、勤工俭学等不同功能进行分区，合理布局。各区之间要联系方便，互不干扰。教学楼应布置在校园的静区，并且保证良好的建筑朝向。校园内各建筑之间，校内建筑与校外相邻建筑之间的间距应符合城市规划、卫生防护、日照、防火等有关规定。

3. 校园、校舍应整体性强

建筑组合应该紧凑、集中，建筑形式和建筑风格要力求体现教学建筑的文化内涵和时代特色。应依法保护具有重大历史文化价值的校园及校舍，并且合理保持其特色。校园绿化、美化应结合建筑景观统一规划设计和建设，以形成优美的校园环境和人文景观。

4. 体育活动场地与教学楼应有合理的间隔

体育活动场地与教学楼应有合理的间隔，并且应联系便利。设有环形跑道的田径场地、球类场地，其长轴宜为南北方向。

5. 校园内的主要交通道路应根据学校人流、车流、消防要求布置

路线要通畅便捷，道路的高差处宜设坡道。路上的地下管线和井盖应与路面标高一致。

6. 地下管线合理配置

室外上下水、煤气、热力、电力、通信等地下管线应根据校园总体规划的要求合理布置，并且按防火规范要求在适当位置设置室外消防栓供水接口。变配电系统应独立设置，规划设计用电负荷应当留有余量。室外多种管线的铺设应用地下管沟暗设。

7. 出入口位置

学校主要出入口的位置应便于学生就学，有利于人流迅速疏散，不宜紧靠城市主干道。校门外侧应留有缓冲地带和设置警示标志。

8. 旗杆、旗台设置位置

旗杆、旗台应设置在校园中心广场或主要运动场区等显要位置。

9. 围墙

校园应有围墙，沿主要街道的围墙宜有良好通透性。

三、民办高校校舍的管理和维护

校舍是民办高校教育教学活动的重要场所。校舍是否安全适用，关系到民办高校师生的生命安全以及教育投资的效益。因此，必须抓好民办高校校舍的管理和维护，具体要做好以下几方面的工作：

1. 建立健全各种管理和维修制度。

2. 要坚持经常检查和定期全面检查，尤其对一些年久失修的旧房，要重点进行细致检查，如发现结构损坏、蛀蚀、腐烂或其他重大险情的，应及时报告教育行政部门和有关地方政府，凡经技术鉴定为危房的，立即采取措施一律不得使用。

3. 要经常对校舍的辅助设施，如排水系统、电气照明系统、锅炉、水泵、避雷针等进行维修保养。

4.要经常面向师生员工开展安全教育宣传工作，提高他们的安全意识，掌握安全知识和提升专业素质。

5.加强校舍档案管理，这也是校舍管理的不可缺少的一个方面。健全的校舍档案，可以为校舍管理提供从勘测设计到施工验收等各阶段的完整的文书资料、技术参数、账册图表的原始凭证，帮助我们清晰地了解校舍建设的历史和现状，为日后的校舍管理与维修提供便利。校舍档案的内容主要包括：校舍总平面图；学校房屋平面图及情况说明书；学校房屋的施、竣工图及有关资料；运动场地的施、竣工图及有关资料；全校给、排水系统，照明及动力线路系统，电信线路系统图及有关资料；历年校舍的增减情况及说明，等等。在建立健全校舍档案工作中，要制定切实可行的制度。各级教育行政部门对下属学校的校舍要进行立案，实行分级管理，层层负责。每所学校的校舍档案要有完整详尽的文件与资料。上级教育行政部门要定期对学校的校舍管理进行统计与汇总，及时了解校舍状况。特别是对旧房和危房要做到心中有数，以便制订修缮改造方案，及时维修与改造，避免发生伤亡事故。

四、民办高校教学设备的管理

对民办高校教学设备的管理必须贯彻统一领导，分工负责，管用结合，物尽其用的原则。同时，管理民办高校教学设备必须建立健全管理制度，充分发挥设备的教育与经济效益。

民办高校教学设备的管理主要包括以下两个方面：

（一）固定资产的管理

学校的固定资产分为动产和不动产两类，管理上采用分工负责制。校舍由学校总务部门管理；设备、仪器等按使用部门和存入地点，落实到处、室、个人管理。

固定资产分为以下四种类型：

1.房屋和建筑物

包括学校的教学、生产、办公用房及围墙等设施。

2. 专用设备

包括教学仪器、仪表、教具、模型、图书资料、电教设备、文体设备、医疗器械、交通运输工具等。

3. 一般设备

包括课桌椅、黑板、办公用具、水电、消防设备、炊事用具、被服装备等。

4. 其他各种固定资产

学校的固定资产，除校舍等建筑物外，对一般设备单价在 100 元以上，专用设备在 200 元以上，耐用时间均在一年以上，或虽不满上述金额，但耐用时间在一年以上的大批同类财产，均属于固定资产核算范围。

学校要建立财产管理制度，设置《固定资产明细账》，将在用、在库的固定资产登记清册，做到账物相符，账账相符，账册记录齐全，以便定期核对，规范管理。

（二）教学用材料和低值易耗品的管理

学校教学用材料分为两类：一类属于使用后便消耗或逐渐消耗不能复原的物质，如笔、墨、簿本等；另一类是不够固定资产标准的器具设备等，如烧杯、量具、插座等。一般来说，上述材料可按品种由财会人员统一核算，集中管理，设置《物资材料进出登记簿》《库存材料明细账》，健全购物验收，使用列账的材料审核制度，并且在实施中不断完善，真正使教学设备发挥其教育功能。

五、民办高校体育教学场地设施管理

（一）体育场馆的管理

在学校中，体育场馆设施是进行体育教学、相关活动、运动训练的专用场所，为了能充分发挥出体育场馆的资源优势，更好地服务于广大师生，并能使体育馆内相关设施得到大家的安全使用，一般学校对体育场馆制定相关的管理规章制度。

1. 体育场馆使用的一般规定

为使体育场馆拥有一个良好的环境，保证体育教学顺利开展，要制定出体育场馆的使用规定，供学生来遵守，同时，教师和相关管理人员要进行监督。

体育场馆的一般规定参考如下：

（1）严格遵守体育场馆的开放时间安排；在上课期间，不上体育课的学生不得进入场馆的上课区域内活动，以免影响正常的教学，闭馆时要自觉离开。

（2）课外活动时间，体育场馆作为校运动队的训练和比赛场地，校代表队有优先使用权，其他空闲场地可以向广大师生开放。

（3）未经教师和管理人员允许，不得随意更改场馆中各个教室的工作用途。

（4）未经教师和管理人员许可，不得对场馆内的相关器材进行拆卸，更不能随意挪用。

（5）体育场馆的本职是满足体育课的教学和课外体育活动的需要，因此，未经许可，不得将体育场馆用于非体育运动用途。

（6）在体育场馆内穿运动服装，不建议牛仔裤、休闲鞋等休闲服装，在体育课上不按规定着装者，教师要予以警告，屡教不改者要进行批评教育。

（7）上课时，严禁在场馆内大声喧哗，避免对其他班级的正常教学产生影响。随身携带的物品要放在储物柜或其他合适的位置上，不得在体育器械上悬挂相关物品，如衣物和饰品等。

（8）如果携带贵重物品要小心存放，妥善保管，如有丢失概不负责。

（9）场馆内严禁吸烟、随地吐痰、乱扔果皮纸屑，做一名文明的学生。养成垃圾入筐或随身带走的好习惯，保持场馆内良好的卫生情况。

（10）场馆内严禁大力踢球，以避免对馆内人员和器械造成伤害。

（11）校外其他单位若想使用场地设施，事先向学校申请、办理相关手续，经批准履行后方可使用，否则不能进入。

（12）违反上述条例者，工作人员有权对其进行教育和处罚。

2. 体育教室的使用管理

（1）乒乓球室管理

在体育场馆中一般均设有乒乓球室，专门用于乒乓球运动的教学与训练。针对乒乓球室制定的管理制度能确保乒乓球教学有序展开。

①按规定着装后进入乒乓球室，不允许穿不适合乒乓球运动的鞋。

②不允许故意通过球拍或手使用较大力量拍击和敲打球台。

③乒乓球台面和球网不能堆放或悬挂衣物、帽子等物品。

④坚决反对利用乒乓球进行赌博等违法活动。

⑤不能坐或站在球台上，禁止攀爬、打闹。

⑥不随地吐痰，乱扔果皮纸屑，保证室内清洁。

⑦遵守乒乓球馆的运营时间，闭馆时间到了后自觉离馆。

（2）健身教室管理

健身教室在体育教学中用途很多，既可以用来进行健美运动，也可以用于身体素质练习等相关锻炼，设备、器械繁多，价格昂贵，具有一定的危险性，若使用方法不对极易造成安全事故。因此，要建立相关的规章制度来保护健身教室及其中的设备、器材，同时对学生的人身安全也是一种保护。健身教室的管理制度主要包含以下几个方面的内容：

①进行健身练习要服从教师安排，不得擅自逞强，以免发生危险。

②按器材上铭牌的要求正确使用健身器材，避免因操作不当造成器械损害和伤害事故。

③杠铃等可挪动的器械在使用结束后要摆放远处，不能随意放置。

④随身携带的物品放在储物柜或适当位置，不能放在器械上。

⑤随身携带的贵重物品妥善保管好，丢失概不负责。

⑥不许随地吐痰，不许乱扔果皮纸屑，保证室内清洁。

⑦在开放时间内进入，闭馆时间到了后自觉离开。

（3）多媒体教室管理

部分学校的体育场馆内还设有多媒体教室，在体育教学中一般用于体育理论课和体育欣赏选修课等，多媒体教室制定的管理制度有以下几方面：

①多媒体教室要设有专门的管理人员，不允许其他人员擅自进入。

②在非上课时间使用多媒体教室要事先申请，确认好使用时间，经批准后才能进入，注意爱护相关器材。

③在多媒体教室上课时不要大声喧哗，以免造成不良影响。

④爱护多媒体教室内公共设施，如有损坏要照价赔偿。

⑤在多媒体教室上课要保证室内环境卫生，不得随地吐痰，乱扔果皮纸屑，

垃圾入筐。

⑥进入多媒体教室上课，如果没有教师的命令，不得擅自使用电教设备。

（二）体育场地的管理

1.田径场管理

对于任何学校来说，田径场地相对来说是重要的场地设施之一，是进行各种体育教学活动和举办大型运动赛事的场地，在平常是广大师生进行体育健身活动的重要场所。田径场地的管理制度参考如下：

（1）建议田径场实行封闭式管理，学生进入田径场地后要服从场地管理人员的管理。

（2）外校人员如果想进入足球场和田径场地，首先向学校提出申请，经批准并履行租用手续后交纳租金方可进入。

（3）严禁在田径场内吸烟、乱扔果皮纸屑，保持良好的卫生习惯。

（4）因为田径场地和草地都相对特殊，所以不建议将果汁、汽水等饮料带入田径场地内，因为这些饮料洒在塑胶场地上和草地上会对场地产生不良影响。

（5）上体育课时间，禁止其他人员进入到田径跑道中。

（6）在田径场上穿运动鞋，在足球场内穿足球鞋或运动鞋，严禁穿不适合的鞋进场活动。

（7）如果足球场地是天然草皮，那么每年都会有封坪育草阶段，在此期间，任何人不得踏上草皮。

（8）一般情况下，严禁一切车辆驶入田径场地，不听劝告违反规定者要进行相应的惩罚处理。

2.其他室外运动场地管理

（1）煤渣场地的管理

①煤渣场地较为特殊，其表面要尽量保持适宜的湿度。相关经验证明，煤渣场地的湿度一般保持在 30% 左右为宜。

②场地表面要保持一定的硬度。场地硬度较大说明使用次数较多，因此，为防止场地快速老化，要在适当时间翻修场地，在翻修期间内暂停使用。

③及时铲除运动场地上的杂草，尤其是在雨季更要注意。有条件的场地周

在四周围种上花草树木，净化空气，防风沙。

④场地内沿边的积土要定期清理，不影响场地的正常使用。

⑤及时对场地进行修正，定期喷水、压实，确保场地的平整。

⑥严禁在场地上行驶各种车辆，包括自行车在内。

（2）水泥场地的管理

①水泥场地一般比较平整，有砂、石、泥土和污物落在上面就影响了场地的平整性，因此，要按时清理，保持整洁。

②到了汛期，要打开排水系统，及时清除积水；冬季若遇到结冰和降雪，及时清除冰雪。

③做好水泥场地接缝处的填充或铲除工作，保持接缝完好，表面平顺。当冬季地表气温较低时，对出现的较大接缝空隙处进行灌缝填料；当夏季气温较热时，填缝料挤出缝口时，应适当铲除并设法防止砂、石挤进缝内。

（3）木质场地的管理

在有些条件较好的校园中，还设有木质场地。木质场地的硬度和坚韧度比不了塑胶场地、水泥场地等，因此，要格外注意。

①未经允许，不得在木质场地上进行体育活动。

②禁止在木质场地内吃东西、喝饮料。

③禁止在木质场地内吸烟、吐痰、泼水。

④禁止在场内开展体育运动，如足球、投掷、器械拉伸等。在木质场地上放置物品要轻拿轻放，将物体搬起移动。

（三）体育器材的管理

1. 体育器材的购置管理

在各级各类学校中，除了日常的体育教学外往往要开展众多体育活动，因此全面添置体育器材是十分必要的。一般来说，学校拥有的体育器材虽然也有社会馈赠的途径来获得的情况，但绝大多数都要自行购买。体育器材设备对体育教学来说非常重要，器材质量的好坏将对体育教学效果有直接影响，甚至还关系到学生的安全。因此，购买体育器材装备时，要进行全面而细致的考评与研究，选择正规体育器材厂商生产的产品，购买器材时相关采购人员要全程负责跟踪，对购买的器材严格把关。

此外，体育器材的购置还应结合一些国际单项协会对比赛器材设备制造厂商的相关规定，如名称、标记或商标的字号、高度等技术标准，结合相关的规则要求。在购置过程中，对器材进行认真挑选，看其是否符合运动规则的相关规定，以免影响学生使用，造成资源浪费。

2. 体育器材的入库管理

购置体育器材之后，应分门别类的将其存入库中。由于体育器材在形状、质地上有所差异且均有各自的用途，因此，特别要对某些器材进行特殊照顾，如木质器材和电子器材要放在干燥的地方，金属器材不能放在太高的位置，诸如球拍和球类等器材最好在储物柜中专门保管，以免受到其他器材的挤压。

第二节 财力资源管理

一、民办高校财力资源管理的任务、原则与体制

（一）民办高校财力资源管理的任务

民办高校财力资源管理的任务主要如下：

1. 依法多渠道筹集事业资金。

2. 合理编制学校预算，并且对预算执行过程进行控制和管理。

3. 科学配置学校资源，努力节约支出，提高资金使用效益。

4. 加强资产管理，防止国有资产流失。

5. 建立健全财务规章制度，规范校内经济秩序。

6. 如实反映学校财务状况。

7. 对学校经济活动的合法性、合理性进行监督。

（二）民办高校财力资源管理的原则

民办高校财力资源管理要贯彻以下几项原则：

1. 贯彻执行国家有关法律、法规和财务规章制度。

2. 坚持勤俭办学的方针。

3. 正确处理事业发展需要和资金供给的关系、社会效益和经济效益的关系、国家、集体和个人三者利益的关系。

（三）民办高校财力资源管理的体制

高等学校实行"统一领导、集中管理"的财务管理体制；规模较大的学校实行"统一领导、分级管理"的财务管理体制。高等学校财务工作实行校（院）长负责制。符合条件的高等学校，应设置总会计师，协助校（院）长全面领导学校的财务工作。凡设置总会计师的高等学校，不设与总会计师职权重叠的副校（院）长。规模较小的高等学校，由主管财务工作的校（院）长代行总会计师职权。

高等学校必须单独设置财务处（室），作为学校的一级财务机构，在校（院）长和总会计师的领导下，统一管理学校的各项财务工作，不得在财务处（室）之外设置同级财务机构。

高等学校校内后勤、科技开发、校办产业及基本建设等部门因工作需要设置的财务机构，只能作为学校的二级财务机构，其财会业务接受财务处（室）的统一领导。高等学校二级财务机构必须遵守和执行学校统一制定的财务规章制度，并且接受财务处（室）的监督和检查。

高等学校校内设置财务会计机构，必须相应配备专职财会人员。校内各级财会主管人员的任免应当经过上一级财务主管部门同意，不得任意调动或者撤换。财务人员的调入、调出、专业技术职务的评聘须由财务部门会同有关部门办理。

二、民办高校财力资源管理的主要内容

（一）预算管理

高等学校预算是指高等学校根据事业发展计划和任务编制的年度财务收支计划。高等学校必须在预算年度开始前编制预算。预算的内容包括收入预算和支出预算。预算由校级预算和所属各级预算组成。

高等学校编制预算必须坚持"量入为出、收支平衡"的总原则。收入预算坚持积极稳妥原则；支出预算坚持统筹兼顾、保证重点、勤俭节约等原则。高

等学校预算参考以前年度预算执行情况，根据预算年度事业发展计划和任务与财力可能，以及年度收支增减因素进行编制。校级预算和所属各级预算必须各自平衡，不得编制赤字预算。

高等学校预算由学校财务处（室）根据各单位收支计划，提出预算建议方案，经学校最高财务决策机构审议通过后，按照国家预算支出分类和管理权限分别上报各有关主管部门，审核汇总报财政部门核定预算控制数（一级预算单位直接报财政部门，下同）。高等学校根据预算控制数编制预算，由各有关主管部门汇总报财政部门审核批复后执行。

高等学校预算在执行过程中，对财政补助收入和从财政专户核拨的预算外资金收入一般不予调整；如果国家有关政策或事业计划有较大调整，对收支预算影响较大，确实需要调整时，可以报请主管部门或者财政部门调整预算。其余收入项目需要调增、调减的，由学校自行调整并报主管部门和财政部门备案。收入预算调整后，相应调增或者调减支出预算。

（二）收入管理

收入是指高等学校开展教学、科研及其他活动依法取得的非偿还性资金。高等学校收入包括以下几项：

1. 财政补助收入

这是高等学校从财政部门取得的各类事业经费，具体包括以下几方面的内容。

（1）教育经费拨款，这是高等学校从中央和地方财政取得的教育经费，包括教育事业费等。

（2）科研经费拨款，这是高等学校从有关主管部门取得的科学研究经费，包括科学事业费等。

（3）其他经费拨款，这是高等学校取得的上述拨款以外的事业经费，包括公费医疗经费、住房改革经费等。

上述财政补助收入应当按照国家预算支出分类和不同的管理规定来进行管理和安排使用。

2. 上级补助收入

这是高等学校从主管部门和上级单位取得的非财政补助收入。

3. 事业收入

这是高等学校开展教学、科研及其辅助活动取得的收入。

（1）教学收入，指高等学校开展教学及其辅助活动所取得的收入，包括通过学历和非学历教育向单位或学生个人收取的学费、培养费、住宿费和其他教学收入。

（2）科研收入，指高等学校开展科研及其辅助活动所取得的收入，包括通过承接科技项目、开展科研协作、转让科技成果、进行科技咨询所取得的收入和其他科研收入。

在上述事业收入中，按照国家规定应当上缴财政纳入预算的资金和应当缴入财政专户的预算外资金，应及时足额上缴，不计入事业收入；从财政专户核拨的预算外资金和部分经核准不上缴财政专户的预算外资金，计入事业收入。

4. 经营收入

这是高等学校在教学、科研及其辅助活动之外，开展非独立核算经营活动取得的收入。

5. 附属单位上缴收入

这是高等学校附属独立核算单位按照有关规定上缴的收入。

6. 其他收入

其是指上述规定范围以外的各项收入，包括投资收益、捐赠收入、利息收入等。

在收入管理方面，民办高校应做到以下几点：

第一，高等学校必须严格按照国家有关政策规定依法组织收入。

第二，各项收费必须严格执行国家规定的收费范围和标准，并使用符合国家规定的合法票据。

第三，各项收入必须全部纳入学校预算，统一管理，统一核算。

（三）支出管理

支出是指高等学校开展教学、科研及其他活动发生的各项资金耗费和损失。高等学校支出包括以下四个内容：

1. 事业支出

这是高等学校开展教学、科研及其辅助活动发生的支出。事业支出的内容包括基本工资、补助工资、其他工资、职工福利费、社会保障费、助学金、公务费、业务费、设备购置费、修缮费和其他费用。

事业支出按其用途可以分为教学支出、科研支出、业务辅助支出、行政管理支出、后勤支出、学生事务支出和福利保障支出。

（1）教学支出，指高等学校各教学单位为培养各类学生发生在教学过程中的支出。

（2）科研支出，指高等学校为完成所承担的科研任务，以及所属科研机构发生在科学研究过程中的支出。

（3）业务辅助支出，指高等学校图书馆、计算中心、电教中心、测试中心等教学、科研辅助部门为支持教学、科研活动所发生的支出。

（4）行政管理支出，指高等学校行政管理部门为完成学校的行政管理任务所发生的支出。

（5）后勤支出，指高等学校的后勤部门为完成所承担的后勤保障任务所发生的支出。

（6）学生事务支出，指高等学校在教学业务以外，直接用于学生事务性的各类费用开支，包括学生奖贷基金、助学金、勤工助学基金、学生物价补贴、学生医疗费和学生活动费等。

（7）福利保障支出，指高等学校用于教职工社会保障和福利待遇以及离退休人员社会保障和福利待遇方面的各类费用开支。

2. 经营支出

即高等学校在教学、科研及其辅助活动之外开展非独立核算经营活动发生的支出。

3.自筹基本建设支出

即事业单位用财政补助收入以外的资金安排自筹基本建设发生的支出。事业单位应在保证事业支出需要，保持预算收支平衡的基础上，统筹安排自筹基本建设支出，随年度预算报主管部门和财政部门核批，并且按审批权限，报经有关部门列入基本建设计划。核定的自筹基本建设资金纳入基本建设财务管理。

4.对附属单位补助支出

即高等学校用财政补助收入之外的收入对附属单位补助发生的支出。

民办高校在教学经费支出方面，应从以下几方面加强管理：

第一，高等学校在开展教学、科研和非独立核算的经营活动中，应当正确归集实际发生的各项费用；不能直接归集的，应当按照规定的比例合理分摊。经营支出应当与经营收入配比。

第二，高等学校从有关部门取得的有指定项目和用途并且要求单独核算的专项资金，应当按照要求定期报送资金的使用情况；项目完成后，应当报送资金支出决算和使用效果的书面报告，并且接受有关部门的检查、验收。

第三，高等学校要加强对支出的管理，各项支出应按实际发生数列支，不得虚列虚报，不得以计划数和预算数代替。对校内各单位包干使用的经费和核定定额的费用，其包干基数和定额标准要本着勤俭节约的原则科学合理地制定。

第四，高等学校的支出应当严格执行国家有关财务规章制度规定的开支范围及开支标准；国家有关财务规章制度没有统一规定的，由学校结合本校情况规定，报主管部门和财政部门备案，学校规定违反法律和国家政策的，主管部门和财政部门应当责令改正。

（四）财务监督

财务监督是贯彻国家财经法规以及学校财务规章制度，维护财经纪律的保证。高等学校必须接受国家有关部门的财务监督，并且建立严密的内部监督制度。

高等学校的财务监督包括事前监督、事中监督和事后监督三种形式。学校可以根据实际情况对不同的经济活动实行不同的监督方式。建立和健全各级经济责任制和建立健全财务主管人员离任审计制度是实施财务监督的主要内容。高等学校的财会人员有权按《中华人民共和国会计法》及其他有关规定行使财务监督权。对违反国家财经法规的行为，有权提出意见并向上级主管部门和其他有关部门反映。

第三节 人力资源管理

一、教师管理

（一）教师的甄选与配置

1. 教师编制管理

编制管理是教师管理的重要组成部分，编制管理对于合理配置教师资源、提高教育质量和办学效益意义重大。

2. 教师准入管理及入职管理

（1）教师资格制度

教师资格制度是国家保证教师质量的基本制度，也是提高教师职业专业性的重要前提。近一百多年来，世界各国纷纷确立了教师资格制度。我国《中华人民共和国教师法》提出："国家实行教师资格制度"，并且规定了获得教师资格的基本条件、教师资格认定和丧失的原则及申请、认定教师资格的基本程序。

我国教师资格要求侧重学历。《中华人民共和国教师法》规定：取得高等学校教师资格，应当具备研究生或者大学本科毕业学历。

（2）新教师入职

做好新教师的入职安排，落实教师试用期制度，对促进教师的专业发展具有重要意义。

①新教师入职安排

首先，对新教师工作的安排要遵循互补的原则，即考虑新教师和团队其他成员在个性特征、能力特点、性别、年龄等方面的不同特点，进行有层次的安排。

其次，了解新教师的特点，做到知人善任，用人所长。

最后，为了帮助新教师尽快适应其角色，还需要提供一系列的帮助和支持。

②新教师入职教育

114

入职教育被认为是稳定教师队伍、促进新教师专业发展的重要举措而受到各国的重视。教师入职教育的主要内容包括以下几点：

第一，了解学校的基本信息，与其他教师相互交流，以让新教师感觉受到欢迎且有安全感。

第二，熟悉学校各项规章制度以让其早日成为团队中的一员。

第三，促进新教师教学能力的提升，熟悉各种教学资源的使用，以鼓励其获得优异成绩。

第四，了解教师的权利、义务，顺利完成从学生到教师的角色转换。

第五，熟悉有关社区、学校、员工和学生的基本信息，以适应工作环境等。

（3）教师试用期制度

我国的政策法规对教师的试用期有相应的规定。《中华人民共和国教师法》第十三条规定，取得教师资格的人首次任教时应有试用期。《中华人民共和国劳动合同法》对试用期的期限做了较为详细的阐述，劳动合同期限为 3 个月以上且不满 1 年的，试用期不得超过 1 个月；劳动合同期限为 1 年以上且不满 3 年的，试用期不得超过 2 个月；3 年以上固定期限和无固定期限的劳动合同，试用期不得超过 6 个月。

试用期教师绩效评价指标主要包含教学指标、专业素质和个性特征三个方面。在确定指标后，把每个指标细化成可操作的三级指标进行量化评分，以确定新教师的绩效表现。最后，通过录用教师的绩效表现决定其去留。因此，我国可以借鉴国外经验，建立试用期教师考核标准，并且依据考核结果来判断试用期教师是否适合从事高等教育工作。

（二）教师薪酬管理

教师薪酬指教师和学校由于劳动关系的存在而获得的各种报酬。在我国现阶段，教师薪酬主要指教师工资，还有各种奖励性收入和其他劳动收入。我国在教师薪酬管理方面推行绩效工资制，这一制度的推行提高了教师的工作待遇水平，体现了多劳多得、优绩优酬，有助于将激励机制转化为工作动力，给民办高校教学工作带来活力，此外该制度的实施还促进了学校分配自主权的扩大，对民办高校教学工作的开展具有重要意义。

需要注意的是，绩效工资制在实施过程中也存在一些问题，主要表现为奖励性绩效的许多方面很难量化，无法将教师工作的数量与质量充分体现出来；绩效工资分配方案中缺乏教师参与决策的内容；绩效工资制的公平性受到质疑等。鉴于这些客观存在的问题，继续实施并完善绩效工资制度是我国教师薪酬管理改革的基本趋势，具体从以下几方面来落实改革：

1. 研究制定绩效评价体系

把结果性评价和过程性评价结合起来，并且确定结果和过程各包含哪些维度。各维度应包含哪些指标，如何有效地对这些指标进行评测，并且最终形成有操作性的评价依据。

2. 工资的公平

在薪酬管理方面要考虑内部公平性和外部公平性，而且除考虑内外公平性外，还要考虑个体之间的公平性和程序公平性。

外部公平性指某一组织内部一个职员的工资率和其他组织职位大体相同的职员的工资率相比是怎样的。内部公平性指在同一个组织内部一个职员的工资率和其他职位的人员的工资率比起来公平性如何。

从我国教师薪酬发放的实际情况来看，绩效工资的内部公平需要注意教育行业内部校际之间和区域之间的公平。而外部公平主要指教师行业和其他行业收入的比较，从这个角度来看，我国教师收入是比较低的，容易给教师带来不公平感，容易挫伤教师的积极性。需要考虑把教师之间的绩效收入差距控制在合理范围内，以利于激发教师积极性的发挥。而程序的公平要让利益相关者的教师参与学校绩效分配方案的制订，同时，学校绩效分配要严格按制定的规章制度来操作，做到公开透明。

3. 精神激励和物质激励同样重要

有研究表明，在服务类企业中，经济激励和非经济激励（如成就认可等）相结合的奖励方式能够使业绩提高30%，几乎是单独使用其中任何一种激励方法所产生效果的两倍。因此，民办高校更要重视真正形成尊师重教的风气，让教师的生活更加体面，在事业发展上给教师提供帮助和支持，使教师获得个人成就感，满足人更高层次的需要。

（三）教师专业发展的管理

教师专业发展的管理主要是对教师进行专业教育，包括职前培养和职后培训。教师专业发展强调教师的自主与自动，但也离不开学校的必要引领和管理上的保障。一般来说，为了确保教师专业发展的持续性，学校应该在资源、制度、文化三个方面提供必要的保障。

1. 资源保障

教师专业发展离不开一定的资源保障。

教师专业发展不可能完全局限于本校教师内部的活动，有时需要请校外专家来参与、请教研室的教研员来点评，有时需要与外校教师进行交流，有时甚至还需要走出校门，到其他学校去考察学习。这样的活动一旦开展起来，不仅需要学校组织人力资源，而且需要一定的经费开支。

无论是进行个体性的还是群体性的教师专业发展活动，都需要一定的设施设备、图书影像资料的辅佐，也需要为教师提供一定的活动空间，并保证教师有一定的活动时间。

由此可见，资源保障中的"资源"是一个宽泛的概念。学校欲为本教师专业发展提供资源保障，就需要从人、财、物、时、空、信息等各个方面加以考虑。

2. 制度保障

为教师专业发展提供制度保障，要求学校建立一套保证教师专业发展活动正常开展的规则与程序，具体应包括以下五个方面的内容：

（1）关于什么是教师专业发展，什么算不上教师专业发展的明确界定。

（2）对教师专业发展目标（可细分为长期目标、中期目标、近期目标）的规定。

（3）对教师专业发展内容和形式的规定。

（4）对个人、级组、学校各自在教师专业发展中分别应当扮演的角色以及三者之间权责关系的规定。

（5）对教师专业发展考核评估、奖惩办法的规定等。

3. 文化保障

资源与制度是教师专业发展的基础条件，学校必须建立有关的制度并提供

相应的资源，以保证教师专业发展活动的实质性开展。不过，制度和资源只能维持教师专业发展的初级水平，因为教师参加各种专业发展活动只是为了遵守制度或服从学校对员工的要求而已。如果要把教师的专业学习与探究活动由教师被动的依章行事转变为教师自觉自动的生活方式及教师日常的思维习惯与行为方式，就需要相应的文化保障。与制度保障和资源保障不同，文化保障需要学校领导者运用管理手段去精心打造，这需要一个比较漫长过程。

（四）教师的培训管理

培训是人力资源的开发的必要手段。教师培训是指有组织、有计划地让教师通过各种形式的学习和训练，使之改善工作态度、提高业务水平、生成专业智慧，以胜任本职工作的活动。

1.教师培训的意义

民办高校教师的培训对于促进教师个人专业发展，提升大学整体教育教学水平，全面实施素质教育，推进教育事业发展，意义重大。

（1）有助于教师自我成长

民办高校教师参与培训，可以帮助教师自我成长，这主要表现在以下几方面：

首先，通过培训，民办高校教师可以更新观念，更新教育价值观、教学质量观、师生观等。比如传统教学中教师为中心，教师是主宰者，权威的"扬声器"。新课改要求，教师的角色定位是研究者、设计者、组织者、引导者、促进者、伙伴等，要充当这些角色，需要理念的更新，也需要履行新角色所需的能力培训。

其次，民办高校教师在职之前学到的知识能够用于教学实践的，少之又少。工作成效的取得主要依靠在职进修学到的知识，特别是实践性的隐性知识。而培训学习可以进行知识重建，完善民办高校教师的知识结构。

最后，通过培训，民办高校教师可以提升技能。教师的技能是在实践摸索和培训中掌握的。

（2）有助于大学整体水平的提高

教师是大学组织中最重要成员，教师之间的学习，外出的学习，就是信息的接收与交流，是大学生命活力之源。教育教学质量是大学生存与发展的生命线，提高教育教学质量，有赖于民办高校教师优良的综合素质，而教师的优良素质需要长期的培训学习。因此，可以说，培训教师，就是培训学校；提高教师的水平，就是提高大学的水平。

（3）有助于我国教育大业的发展

教师培训事关教育大业的发展，素质教育的全面实施。在我国社会转型的特殊时期，进一步加强民办高校教师的培训，把教师群体建立成为全国最大的职业性学习型组织，是我国建立国际型社会的重要基础。民办高校教师培训关系到教育的大局，并进而关系到国家、社会经济发展的大局，是建设创新型国家的迫切需要。

2. 教师培训的主要形式与内容

（1）国家教委规定的主要形式与内容

《高等学校教师培训工作规程》中对民办高校教师培训的形式和内容做出一定的规定："高等学校教师培训应根据教师职务的不同，确定培训形式和规范要求。"依照教师教学经验、职务的不同，《高等学校教师培训工作规程》将民办高校教师培训分成以下几大类：

①助教培训

《高等学校教师培训工作规程》规定："助教培训以进行教学科研基本知识、基本技能的教育和实践为主，主要有以下形式：a. 岗前培训。主要包括教育法律法规和政策、有关教育学、心理学的基本理论，教师职业要求等内容。b. 教学实践。在导师指导下，按照助教岗位职责要求，认真加强教学实践环节的培养提高，熟悉教学过程及其各个教学环节。c. 凡新补充的具有学士学位的青年教师，符合条件者可按在职人员以毕业研究生同等学历申请硕士学位或以在职攻读研究生等形式取得硕士学位。d. 社会实践。未经过社会实际工作锻炼，年龄在35岁以下的青年教师必须参加为期半年以上的社会实践。e. 根据不同学校的类型和特点，对教师计算机、外语等基本技能的培训，由主管部门或学校提出要求并做出安排。"

②讲师培训

《高等学校教师培训工作规程》规定："讲师培训以增加、扩充专业基础

理论知识为主，注重提高教学水平和科研能力。主要有以下形式：a. 根据需要和计划安排，参加以提高教学水平为内容的骨干教师进修班、短期研讨班和单科培训，或选派出国培训。b. 讲师三年以上，根据需要，可安排参加以科研课题为内容的国内访问学者培训。c. 在职攻读硕士、博士学位或按在职人员以毕业研究生同等学历申请硕士、博士学位。对连续担任讲师工作五年以上，且能履行岗位职责的教师，必须安排至少三个月的脱产培训。"

③副教授培训

《高等学校教师培训工作规程》规定："副教授培训主要是通过教学科研工作实践及学术交流，熟悉和掌握本学科发展前沿信息，进一步提高学术水平。主要有以下形式：a. 根据需要，可参加以课程和教学改革、教材建设为内容的短期研讨班、讲习班。b. 根据需要结合所承担的科研任务，可作为国内访问学者参加培训，或参加以学科前沿领域为内容的高级研讨班。c. 根据需要参加国内有关学术会议、校际间学术交流，或选派出国培训。对连续担任副教授工作五年，且能履行岗位职责的教师，根据不同情况，必须安排至少半年的脱产培训或学术假。"

④教授培训

《高等学校教师培训工作规程》规定："教授主要通过高水平的科研和教学工作来提高学术水平。其培训形式是以参加国内外学术会议、交流讲学、著书立说等活动为主的学术假。连续担任教授工作五年，且能履行岗位职责的教师，必须给予至少半年的学术假时间，并提供必要的保证条件。"

（2）常见教师培训的主要形式与内容

①青年教师教学技能培训

为提高学校人才培养质量，帮助青年教师提高教学能力，大学会开展青年教师教学技能培训，以课堂学习、观摩、研讨与学术报告等培训方式，必修和选修课程相结合，从人文素养、教学实施、教学技能等方面提供素质和能力提升的培训课程。

②新进教师培训

在教师正式进入学校的教学和科研之前，大学会定期开展系列的培训课程，围绕学校资源、政策法规、师德师风、实训与素质拓展等方面开展专题培训，以有效帮助新进教师更快地进入角色、更好地融入工作。

③搭建学术交流平台

为加强广大教师与知名学者的学术思想交流和碰撞，促进教师学术水平提升和跨学科合作，大学会搭建名师讲堂、学者论坛、学术沙龙等教师学术交流平台，以促进青年教师成长，开拓教师的视野。

3.校本培训

校本培训是基于学校、服务于学校、服务于教师发展的一种教师继续教育形式。校本培训不必拘泥于一种理解，它不完全是一个空间概念——固定于所在学校的培训，可以调动多方资源为校本培训活动服务，只要有利于教师发展提高，可以多种形式和涵盖多方面内容。校本培训与一般培训相比，有其自身特殊性，如针对性、灵活性、多样性、目标的直接指向性、组织的自我主体性等特点。此外，校本培训的经济成本较低、工学矛盾小、能体现特色，以及自主性强、自由度高。

（1）教师校本培训的内容

民办高校教师培训的内容决定培训的质量，选择符合教师发展需要内容十分必要。校本培训内容确立的依据应是教师的素质结构、教师的知识结构、技能（能力和技巧）结构。教师的素质结构包括道德品质、职业理想、教育观念、教育行为策略、教育监控能力等。教师的知识结构包括基本的文、史、哲知识、教育学心理学知识、学科专业知识、科研知识、基本的法学知识和生理学知识等。技能结构包括课程研究开发能力、教育教学能力、学生管理能力、人际沟通协调能力、学生工作技巧、处理问题技巧、教学手段运用技巧等。培训的基本内容应包括人文科学素养、现代教育理论、专业知识、现代教育技术、教育研究方法、心理健康知识、管理能力，以及其他有关学校特色内容、或本校教育教学中的问题研究与探讨等。在设计培训内容时，要遵循务虚与务实统一、现实性与前瞻性兼顾、整体性与差异性结合的原则。

（2）教师不同发展阶段的校本培训

教师职业生涯理论将教师分为职前准备阶段、新手起步阶段、适应成长阶

段、称职稳定阶段、成熟发展阶段、平稳退出阶段。每一个发展阶段都需要培训，培训内容切合实际，可以加快教师的发展。

①新手起步阶段的培训

这一阶段的培训重点是对刚入职的教师进行一招一式的具体指导，引领入门，通过听课等活动学习常规教育教学方法。帮助树立职业信念，了解学校工作常规，熟悉教材教法，以适应岗位工作。

②适应成长阶段的培训

这一阶段的培训是提高工作信心，补充专业知识，使知识结构逐步趋向合理。在骨干教师的带动下钻研业务，继续提高能力，掌握教育教学规律，拓宽视野，多方吸收他人经验，学习专业理论并自觉与实践相结合。

③称职稳定阶段的培训

这一阶段的培训，应当激发教师的危机意识，加强责任感、使命感教育，通过专题讲座、参观考察、外校挂职学习等方式学习新知，打破教师的思维定式；更新知识结构，激发教师的活力；引导从事科研活动，以科研促教学；学习与业务相关的理论，总结经验，帮助教师规划以后的发展目标方向。

④成熟发展阶段的培训

这一阶段当进行高层次的培训，如让专家、特级教师对其进行引领提升，也可以送到高级培训机构或国外进修学习，提供机会，帮助他们成为学者型教师。

⑤平稳退出阶段的培训

这一阶段培训力度当适可而止，除了必要的时事学习内容之外，应有选择地、让他们自觉自愿地参加一些学习活动，也可以培训一些电脑等现代技术性的内容，为他们能获取新知提供帮助。

（五）教师的考核管理

教师考核的目的在于通过建立科学评价与考核，调动教师的积极性，激发教师的潜能，促进教师自我发展，提高教师队伍的整体素质，为实现大学发展目标和教师职业发展目标提供路径，全面实现教师管理的调控功能。

1.教师考核的目的

教师是一个具有高智商、宽知识面，受过最高程度教育的群体，他们不但是教育者，同时，还是受教育者，他们既肩负着教书育人的神圣使命，又承担着国家科学研究的重担，是一个既基础又关键的学术职业。总的来说，民办高校教师考核评估的目的是实现个人、学科、大学的共同发展。具体来说，民办高校教师考核工作的开展就是为了通过考核评价，鉴别、诊断、改善教师的个人素质及工作水平等，促进教师个人的发展，从而促进学科的发展，进一步促进大学的发展。

（1）鉴别

鉴别是民办高校教师考核评价最根本的目的，这与长期以来世界各国的教育系统强调教育分层、选拔功能等目的有关。

鉴别就是按规定的要求与标准，考核教师工作量的完成情况、工作质量的优劣水平等，根据考核结果将教师分为优秀、良好、合格、不合格等不同层次，作为奖励、选拔的依据。考核优秀的人可能得到晋升机会、绩效奖励，而不如人意的可能面临低聘、解聘等。

（2）诊断

诊断也是民办高校教师考核的目的之一。诊断主要是通过观察、问卷、测验等方式获取被评价教师的各类信息，并将被评教师的情况与考核标准进行比较，了解被评者的优点与不足。民办高校教师在教育别人的同时，自己也是一个被教育者，因此，诊断对于教师教育自己，不断改进自身问题，提高自身水平非常重要。

（3）改善

改进的主要含义是及时反馈信息，调控行为，促使考核对象不断完善与优化。与"诊断"比较，"改进"着重于提供关于进步的描述和对教育教学的促进作用；与"鉴别"比较，"改进"要求对目标本身的合理性进行判断并改善。民办高校教师评价是为了促使教师进步，可以说，改善是现代民办高校教师考核评价中最主要的目的。考核最重要的意图不是为了证明，而是为了改进。通过考核改进工作的思想，扩大了教育教学考核的功能范围，拓展了教育教学考核价的视野。

2. 民办高校教师考核的作用

随着教师职务聘任制改革的深入，民办高校教师考核已不再是以往单纯的年终总结和评优依据，而是成为聘后管理的一个重要的环节和手段，也是实施与岗位聘任制配套的收入分配制度的依据，是岗位聘任制保持长期良性运作的基本保证。民办高校教师考核主要有以下几种作用：

（1）导向作用

民办高校教师考核的导向作用，是指民办高校教师考核可以引导考核对象趋向于理想的目标。民办高校教师考核可以帮助教师诊断教育工作中存在的问题，改善教育工作策略，明确努力方向，起着定标导航的作用。

（2）检查作用

民办高校教师考核的检查作用是指通过依照特定的标准进行考核，得出考核对象达标与否、合格与否、资格具备与否、进步与否、贡献大小、水平高低等结论，对考核对象的现状做出基本判断。民办高校教师考核的检查作用能否充分、合理、有效地发挥，往往受到评价双方对评价价值的认识、考核对象参与评价的积极性、评价方法本身是否合理等因素的影响。

（3）激励作用

民办高校教师考核的激励作用是指民办高校教师考核的正确使用能够激发考核对象的内在动力，调动他们的潜能，增进其工作的积极性和创造性。在民办高校教师考核的实践中，考核对象都有渴望了解自己工作结果的心理趋向，并会自发地与周围群体和个人进行比较，这本身就具有激励作用；考核结果的合理使用可作为晋升、奖惩及加薪的依据，能给人满足感，激励人不断进取。因此，可以说，民办高校教师考核的过程就是一种激励的过程。

（4）监控作用

考核作为组织管理的手段，其考核指标系统与标准往往就是管理的目标，管理者与具体工作承担者的行为与各种调控措施，一般都要以此为依据。因此，在管理过程中，考核担负着监控的职能。当然，民办高校教师考核监控作用的有效发挥，是以尊重教育和科研活动的规律为前提的。

（5）交流作用

民办高校教师考核的交流作用是指民办高校教师考核促使考核活动的参与者，包括考核者、被考核者，以及其他与考核有关的人或群体内部及其相互之间互换信息。通过交流，考核的各方参与者加强了认知与情感的互动，由此促使了教师的自我反思、相互学习、取长补短、共同进步。

总之，考核不仅能使学校管理层更好地认识到教师队伍存在的不足，通过政策引导和激励，实现教师队伍整体水平的提高；而且也能帮助民办高校教师更好地认识自身的不足，调整修正自己的行为，以实现自我的发展。

3.民办高校教师考核的原则

正确的考核原则不仅是统一人们的思想和行动的规范，而且是指导、控制、协调考核过程的保证。在考核过程中，正确贯彻各项原则，不仅有利于端正考核与被考核人员的态度，克服主观性、片面性、随意性，提高考核的信度和效度，而且有利于加强考核的规范化、科学化、有序化，增强考核的客观性和准确性。

（1）导向性原则

导向性原则是指对教师的考核一定要有利于学校实现教育目标，有利于端正办学方向，有利于树立正确的教育质量观、人才观。如果方向不明确，教师考核就会走上歧途，同时会对学校贯彻教育方针带来消极影响。因此，确定正确的方向是教师考核工作的重要前提。

（2）客观性原则

客观性原则就是在进行教师考核时，必须采取客观的、实事求是的态度，从客观实际出发，获取真实信息，抓住本质的东西进行考核。教师所从事的是以脑力劳动为主的，既劳心又劳力的特殊的复杂劳动。另外，教师的劳动既富有创造性，教育工作又有周期长、教育效果滞后的特点，在进行民办高校教师考核时应将这些因素充分考虑进度，这样才能使考核更符合客观实际。在当前，民办高校教师考核处于起步阶段，应当允许它经历一个由不完善到逐步完善的过程，由不科学到逐步科学化。

（3）可行性原则

可行性原则主要表现在三个方面，首先，指考核的指标、标准可行，要切实注意从实际出发，防止要求过高或过低；其次，考核的方法及运用的技术手

段可行，既要注意科学性，又要注意简便易行；最后，工作安排可行，要与学校的日常工作相结合，不要增加很多额外负担。学校领导切忌把自己的愿望、主观的设想强加给教师们，否则再科学、再完善的考核方案也是不可行的。

（4）全面性原则

全面性原则是指在确定和运用考核标准时要全面、不可片面。在对教师考核时，要进行多指标、多方位、多层次的分析和判断，力求真实准确地反映教师工作的全貌。考核的信息和资料要尽可能全面、准确、真实，不能凭片面的材料及少数人的反映进行考核。同时，要配以按不同层次、有主次地进行综合的考核，而不是把各考核要素不分主次、不区分重点与非重点，也绝不是把各指标数量简单相加。

（5）考核指标分层分类原则

随着中国大学人事制度改革的深入发展，教师的岗位分类管理已经逐步成为一种普遍共识，并成为国内外各大大学的重要策略选择。从身份管理到岗位管理，由于学科的差异，民办高校教师主要可分为教学型、科研型、教学科研并重型三类。

以往民办高校教师的考核评估指标往往呈现出"重科研，轻教学"，这对于大学发展以及民办高校教师的发展都极为不利。对于不同类型的教师，根据其工作的特点，考核指标应具有针对性，并合理分配各指标的权重。例如，在考核教学型教师时，应重点考察其教学工作量、教学效果、教学成果、教学获奖，而对科研工作量只做最基本的要求。

对于不同层次的教师，其考核评估指标应该体现出层次性和连续性，对不同等级的教师，在教学、科研及公共服务上各有侧重。

（6）定性与定量相结合的原则

一般来说，定量考核是按照量化标准，对被评估者的工作业绩进行统计，比如，科研成果、科研工作量、教学工作量、获奖情况等；而定性考核是对被评估者的综合素质进行综合分析，给出相对客观评价，如职业道德、教学方法，等等。定量考核比较客观准确，而定性考核较为主观，模糊性较强，但是由于有些考评指标没法运用量化，所以定性考核是必要的。两者的结合能对民办高校教师的考核评估工作进行全面综合的分析，既体现了评估的科学性与准确性，又体现了对教师发展的关注。

（7）主体性原则

主体性原则是指明确被考核者在考核中的地位和作用。在对教师的考核中，教师既是考核的客体，又是考核的主体。因此，要尊重教师在考核中的主体地位，充分调动每个教师的主动性、积极性、自觉性，这样才能使考核的过程真正成为教师的自我认识、自我分析、自我改进、自我完善和自我教育的过程，使教师的考核工作达到预期的目的。

4. 民办高校教师考核的标准

民办高校教师考核评估的标准是具体的，针对不同的院校、不同的职称、不同的教师类型，都有着不同的标准。

首先，不同国家往往会根据自身的情况有所差别。例如，美国、加拿大、韩国、新加坡民办高校教师考核评估的标准都是教学、科研和服务；而德国民办高校教师的考核评估标准则是教学、科研和自我管理等。

其次，不同类型的院校也会有所不同，研究型院校首先看重教师的学术成果，其次是教学成就，最后才是服务，因此，其比例一般更偏向于学术成果；而文理学院看重教师的教学成就更胜于科研成果。

再次，不同职称也会有不同的标准，例如，考核评定教授、副教授与助理教授的标准有很大的差别。

最后，随着管理的精细化，对教师的分类管理还考虑了研究类型的差异，如基础理论研究和应用研究，即使同在一个教师序列，其成果产出周期及形式仍存在较大差异，考核评估标准也会有一定差异。

5. 民办高校教师考核的方法

开发并选择一种优秀客观的民办高校教师考核方法是民办高校教师考核的主要内容。目前，比较盛行的民办高校教师考核评估方法主要是基于不同主题的评估方法，如教师自我评估、学生评估、同行评估、督导评估等。

（1）教师自我评估

教师自我评估就是建立在教师对自我教学工作和科研工作自我认知的基础

上，依照教学和科研目标，对自我工作的完成状况进行自我判断和评估。教师自我评估不仅是民办高校教师考核评估工作组收集教师教学科研工作资料和信息的一种手段，更有利于教师进行自我激励、自我发展和自我提升，提高其积极性和主动性。教师自我评估通过自我分析，在激励教师潜能、发挥教师积极性和主观能动性、实现教师自主发展方面起着至关重要的作用。

教师自我评估主要有以下两个步骤：

第一步，由教师进行自我评估和综述，陈述自己教学和科研的工作目标、目标完成情况及已经取得的成果、对自己工作成果的评价、未来工作的期望及建议等方面的概况。

第二步，教师提供有关自己在教学工作、科研工作、服务学生工作方面取得成果的有关评审材料。

（2）学生评教

学生评教是民办高校教师考核和大学质量管理的重要手段之一。学生评教在时间上具有稳固性，而且学生评教的有效性和可靠性与参与教师评教的学生人数成正比，也就是说，评教持续时间越长、评教次数越多、参与评教的学生人数越多，学生评教的结果越可靠。

不过，要注意的是，学生评教受到课程性质、课堂背景知识的准备程度、学生个体差异性等主观因素的影响，评教的结果很难被接受和认可。为了完善民办高校教师考核评估方法，提升民办高校教师评估的有效性和信度，有必要继续改进学生评教的方法，规范学生评教的程序，提高学生评教在民办高校教师考核评估中的认可度。最重要的是，这种以学生为评估主体的教师考核评估方法，对改变只重科研、轻视教学的畸形教育现状的改善起着非常重要的作用。

（3）同行评估

同行在考核评估教师能力方面具有相当的专业知识和辨识能力、最具发言权，同行评价者对于教师从事的教学工作、科研工作都有较为深入的理解，不仅能够从专业的角度给出较为客观公正的评价，也能够提出具有价值的建议和意见，对于教师的发展具有促进作用。而且，在同行评估过程中，也相当于教师之间的教学和学术交流，有助于教师之间沟通交流、取长补短、互通有无，共同提升大学的教学和科研水平。因此，同行评估在国内外受到普遍的重视。

但是，为了确保评估结果客观、真实、有效，要完善同行评议制度，遵行回避和随机原则，规范教师考核评估的程序和准则，提升评议教师的专业化水平，评审同行应该具有较强的学术能力、判断力，熟悉评价的内容和评价流程，能够刚正不阿、公平公正、认真严谨地进行评价。

（4）督导评估

督导评估就是大学成立专门小组，对教师的教学科研工作进行巡检、考核评估、专项检查。为了提高教师评估的准确性、客观性、专业性、公平公正性，一方面，应该将督导评教与学生评教等方式结合起来，相互补充；另一方面，应不断优化督导评教程序，完善评估指标。

6. 民办高校教师考核的程序

民办高校教师考核是一个系统工作，必须按照一定的程序进行。民办高校教师的考核评估程序一般是由下至上，首先是在所属系内评估，其次到学院评估，最后再到学校评估。

具体来说，民办高校教师考核的程序有如下五个步骤：

（1）个人述职

个人述职即教师在系或者教研室的考核大会上实事求是地进行述职，陈述自己在教学、科研各方面的目标及完成情况，并提供相应的资料以备审核。

（2）系（教研室）民主评议

系（教研室）民主评议就是在总结教师的个人述职的基础上，系的全体人员对教师工作给予评价。通常，系或教研室依据教师工作考核评估指标公正公开地进行民主评议。

（3）单位测评

单位测评就是院或单位考核领导小组在听取群众意见的基础上，根据日常考核以及个人总结，提出考核等级意见。院或单位考核领导小组对拟定等级的教师在本单位范围内公告，并将初步考核结果报学校人事处。

（4）学校审核

学校审核是指学校教务处对教师基础教学工作进行审核，科技处或科研处

对教师科研工作进行审核。人事处对教学工作和科研工作审核情况进行汇总，并提交学校教师考核小组。学校教师考核评估小组根据学校相关部门对基础工作量审核结果，对基层单位考核领导小组提出的考核意见进行评审。最后，将考核结果以书面形式通知被考核教师所在单位。

（5）评审结果反馈并存入档案

学校考核工作完成后，教师对考核结果若有异议，留有申诉的机会。整个教师考核评估工作结束后，将考核结果存入本人档案，并清楚说明考核结果在晋升、薪酬等方面的使用说明。

二、学生管理

（一）学生管理的目标

长期以来，学生管理是以将学生管住为目的的。通过种种约束性的规章制度，借助量化打分等手段，采用检查评比等方式，迫使学生服从纪律，保证教育教学活动的顺畅进行。学生管理需要一定的规范，但不能将此作为唯一目标，否则将不利于学生主体性的发挥和创新精神的培育，在推行中也会遇到重重阻力。

学生管理需要与时俱进，在目标上应当体现时代特征。学生管理的目的在于服务学生，目标是帮助学生形成良好的学习习惯、生活习惯与行为习惯，使学生具有基本的自理能力、自治能力和独立生活能力，在德、智、体诸方面得到全面和谐的发展。

（二）学生管理的任务

教育行政部门和学校是进行学生管理的主要机构，两者的根本目的是一致的，但在任务上各有侧重。

教育行政部门偏重于宏观调控，而学校偏重于微观管理。教育行政部门通过把握学生的总体状况，发现学生管理中的普遍问题，研究与制定相应的法规与政策，发挥间接管理学生的作用。

学校在学生管理中的任务主要有以下几项：

第一，运用国家的教育方针和政策，统一教职员工的思想和教育行为，开辟有效的教育教学途径，培养学生自学、管理、自我教育及心理承受的能力，为其确立正确的人生观、世界观打下基础。

第二，制订并执行学校学生管理工作计划，制定管理常规和管理措施。

第三，健全和完善学校管理组织系统，主要是健全和完善班级管理组织，明确班级管理的任务与目标，选派好班级管理的领导者——班主任，健全班委会和挑选、培训班干部；建立、健全年级管理组织，统一本年级管理力量和管理活动；健全以教导处为主体的学生管理指挥系统，以统筹安排，统一指挥，有效地进行学生管理工作。

（三）学生学习管理

有研究者指出，学生是受教育的对象，也是被管理的对象。对学生的教育活动和管理活动是并行而又交织的。把学生作为一类管理对象，从实施管理的角度分析。

学生在学校的主要任务是学习，教育行政部门和学校有责任帮助学生顺利完成学业，这是学习常规管理的根本目的。建立正常的教学秩序，规范日常的教务工作，能够为学生的学习提供适宜的条件。因此，可以说，学习常规管理是学习活动的基础性工作。

从时间流程上来看，学习常规管理覆盖了从招生入学到毕业离校的整个学习过程，大致可以分以下三个阶段来实施：

1. 开端管理

招生和编班是开端管理的两项主要工作。

（1）招生

招生是十分烦琐且政策性很强的工作，教育行政部门和学校必须高度重视、认真组织、通力协作，确保招生工作的顺利进行。民办高校要提高招生工作的透明度，严格执行既定的程序，杜绝弄虚作假、徇私舞弊的现象，保证录取环节的科学、公正与高效。

（2）编班

招生录取工作完成后，还要进行编班工作，需要注意以下两个方面：

第一，班级规模。班级人数过多，必然会影响教育教学质量，因此学校（尤其是优质教育资源集中的学校）必须将班级人数控制在合理的限度内，而有条

件的地区可以推行小班化教学。

第二，编班方式。学校应当以平行编班为主，为适应不同学生的兴趣和专长，可以采用"走班制"的方式。

2. 过程管理

过程管理主要包括对学生出勤与纪律情况的考察、课堂学习常规与课外学习常规的执行、作业与考核的管理等。

（1）出勤与纪律情况的考察

在校就读期间，学生不得无故缺课，不得迟到早退；请假须履行必要的手续，得到校方准许后方可；在教学活动中，学生应自觉遵守各项纪律，确保学习过程的顺利进行。要加强考察，对出勤率高、纪律好的学生要予以表扬和鼓励；对出勤率低和纪律较差的学生要进行批评教育，情况严重的还要给予一定的处罚。

（2）课内外学习管理

课堂是学生学习的主要场所，为提高课堂教学的效率，应对课堂学习的各个环节提出具体可行的要求。例如，在上课准备方面，要按时进入教室，保持课堂安静；在上课过程中，要认真听讲，积极思考；在课间，要注意休息，调整身心，为下一堂课做好准备。对于这些要求，学校应让每个学生都了解与熟悉，使之成为学生的自觉行动。在近年来的教育改革中，一些学校打破传统，允许学生在课堂上"插话"。这一现象提示管理者，有必要研究和建立新的课堂教学常规。

学习活动并不仅仅局限在课堂上，课外学习已经成为学生学习生活的重要组成部分。课外学习应更多地考虑学生的兴趣爱好与特长，因而课外学习常规不能简单套用课堂学习的规章制度。在课外学习的管理中，要给学生一定的学习自主权和更多的选择机会，培养学生的主动学习精神和善于选择的能力。

（3）作业与考核的管理

作业的布置与批改是教学过程中必不可少的环节。加强作业管理是必要的。作业管理的重点在于控制作业量，提高有效性，尝试分层作业。

考核是检查学校教学效果的重要方法，也是评定学生学习状况的主要依据，还是国家和社会选拔人才的有力手段。考核能够鉴定学生现有的发展水平，了解其长处与不足，预测其发展的趋势，激励学生更加努力学习。但是，如果考核的指导思想发生偏差，那就会对学生产生误导，成为阻碍学生健康成长的绊脚石。民办高校必须在科学思想的指导下对学生学习进行考核，充分发挥科学考核的作用。

3. 终端管理

结束一个学期的学习后，要安排学生考试，对于考试成绩优秀者予以奖励，如发放奖学金等，对于成绩不合格者，安排补考。

（四）学生事务管理

1. 人格教育

人格教育的内容可以细化为人生观教育、品性教育、审美教育、劳动教育、自我认知与发展教育等几个方面。这几个部分是相互联系的统一体，共同构成了人格教育的内容体系。

（1）人生观教育

大学生正处在人生观的形成乃至稳固时期。这个阶段，他们最迫切、最认真地关心人生态度、生活方式、生存价值等一系列问题。而一个人在大学阶段，其自身的自主性和独立性逐渐增强，价值观、人生观形成则主要依赖于无意识的学习榜样、效仿榜样，即同学和教师的潜移默化作用。

在民办高校学生事务管理中，第一，要配合课堂教育与实践教育，增强大学生的责任意识，明确对自己、对家庭、对他人、对国家、对民族所应承担的责任，并把这种责任落实到自己的学习和生活中去，把内涵丰富广泛的爱国主义具体化、层次化，从细小处出发逐渐上升和深化，形成一个可操作的体系。第二，还应教育大学生把远大理想与个人现实目标相结合，从大学生个人的、近期的、具体的事情出发，逐步提高思想觉悟，升华精神境界。

（2）品性教育

品性教育对于一个国家、民族及学生个人来说都是极其重要的。教育是人的灵魂的教育，这句话道破了教育的真谛。目前，教育在市场经济和功利主义的冲击下，反其道而行之，重智不重德，重才学不重品行，背离了教育的方向。

大学不仅具有教学和科研的职能，更重要的是具有社会领袖的职能。所以，大学的本质首先在于品行的培养。同时，在品性教育的改革中，将品性含义发展为品格和个性，不仅仅注重美德的培养，而且着力于培养学生健康的个性，成为有品性的现代公民，同时应当是一个坚强、独立、乐观、豁达的人，善于沟通，要乐观、积极地面对困难，富有创造精神与团队合作精神。

（3）审美教育

随着现代科技和经济的迅猛发展，人们的物质生活得到巨大满足，同时，精神世界的审美需要也就显得尤为重要。一定的审美素养是每一个现代人，特别是民办高校大学生必备的素质。审美教育是人格教育的基本内涵，即通过教育帮助学生追求和塑造真、善、美的人格。审美素养可以帮助他们正确认识和疏导各种压力，以一种审美的眼光、陶冶的情感去净化各种诱惑，涵养一种超脱的精神，以开阔的胸襟走向审美的生存，促进自身的全面协调发展。

对大学生进行审美教育，就要培养和提高学生感受美的能力、鉴赏美的能力、学生表现美与创造美的能力，进而培养和提高学生追求人生趣味和理想境界的能力，要使大学生具有发现和创造美好生活的基本能力，从而努力追求高品位的生活、高境界的人生。这一点不仅是学生个体生活幸福的需要，也是现代社会发展对教育提出的时代要求。同时，现代民办高校学生事务管理者要通过大学氛围与校园文化的构建来达到学生审美教育的目的，避免美育主要通过文艺类学科实施的狭隘思路，将大学生美育与丰富多彩的校园文化建设有机统一起来。

（4）劳动教育

劳动是一种有目的、有计划、有组织地培养受教育者多种素质的教育活动，是融德育、智育、体育、美育为一体的全面提高学生素质的综合性教育。按照马克思主义的观点，教育与生产劳动结合是培养全面发展的人的唯一方法。劳动教育可以使人格教育的目标（如劳动观点、态度、习惯和职业道德等）落实在学生的劳动实践中，而且内化为学生品德。在大学生中开展劳动教育，能有效地调动人的各种潜能，在实践中创造性地分析问题、解决问题，有助于培养大学生创新意识、创新精神和创新能力，使他们得以全面发展。

（5）自我认知与发展教育

自我认知是青年大学生完善自我个性、发展自身特点、实现自我价值的重要途径。客观的自我认知是大学生健康发展的前提，它能帮助大学生正确地欣赏自己的外貌、性别、爱好，认可自己祖国的文化和社会习俗，对自己的优缺点进行客观的分析，欣赏自己在社会生活中扮演的角色，妥善地听取别人的意见，增强对自身的了解，养成一定的自尊心，并形成稳定的人格特性。大学生自我认知与发展的过程，也是大学生人生观和价值观不断完善的过程。

在学生事务管理中，要纳入大学生自我认知与发展的内容，对大学生进行自我认知教育，帮助他们全面地认识自我与规划人生。全面认识自我是形成正确自我意识的基础，如果一个人能够全面、正确地认识自我，客观、准确地评价自我，就能量力而行，为确立合适的理想自我，并实现理想自我而不懈努力，勇于创造，善于创造，经常有所发现，有所发明，有所革新，有所建树，进而实现个人的全面发展。

2. 行政管理

行政管理指企事业、各种社会团体等的内部管理。高等学校学生事务的行政管理，不是一个严格的概念，在此指学生事务管理内容中行政管理的事务，即学校的学生事务管理部门为实现学校的育人目标，依据一定的机构制度，采用一定的手段和措施，积极发挥管理职能，充分利用校内外各种资源和条件，有效地完成学校的工作任务，实现预定目标的管理活动。行政管理决定着学生事务管理的运行操作、功能发挥、学生质量、社会形象等方面的问题，关系着学生事务管理最基本功能的发挥与整个学生事务管理的正常运转，是学生事务管理的基本保障。学生事务管理部门在行政管理方面的内容，一般包括招生管理、注册管理、奖学金管理、学生资助、勤工助学、学分规划、社团管理、纪律处分、校友信息管理等方面。

3. 成长辅导

"成长"一词，有两层内涵，一是长到成熟阶段，有发育的意思；二是向成熟阶段发展。对大学生而言，在校园里的成长，并非仅是一个单纯的形体器官发育成熟的过程，更有自身完善过程的意义。在民办高校的学生事务管理中，

学生事务管理者不仅是组织管理者和协调者、教与学双向交流的信息员，更是学生成长发展的掌舵者和教育者，肩负着将国家方针、政策和学校各项规章制度及时传达给学生，并引导学生完善发展、健康成长的重要职责。故民办高校大学生成长辅导的内容，顾名思义，可解释为通过给予大学生一定的帮助和辅导，着眼于学生个体的内在潜能，根据个体差异给予充分的引导、激励、唤醒和鼓舞，使每个学生的潜能得到最大限度的开发，进而实现大学生的全面发展，使他们成为自主自觉、优化而和谐发展的健全个人。

为了促进大学生全面成才和健康成长，实现民办高校培育优秀人才的目的，民办高校的学生事务管理要在辅导学生的成长发展上做好新生辅导、学业辅导、心理辅导、生涯辅导等几个方面的工作。

4. 生活服务

民办高校学生事务管理中与大学生生活密切相关的服务内容，分列为以下几个方面：

（1）住宿服务

大学生集体宿舍是学生相对稳定集中的地方，随着民办高校学生事务管理的发展，学生宿舍的功能开始有所扩充，不再限于提供住宿和休息起居，而是要发展"住宿服务"这一概念，强调学生住宿对于学生发展的功能。学生宿舍在拥有良好设施的同时，住宿生活对学生教育和发展的功能不能忽略，学校要拥有对学生宿舍更多的支配权，以扩大对学生的教育影响。这里说的住宿服务就是指民办高校中有关的学生事务管理部门依照既定目标和规章制度，通过一定的运行机制和思想教育来调节、规范大学生思想的协调活动，促进良好校风、舍风的形成，以达到管理育人、服务育人的目的。在此过程中，把一定的思想融汇到科学的宿舍管理条例制度中，使无形的精神力量变成有形的物质，从而使思想教育更加具体化、形象化。

（2）健康服务

确保学生在校健康地学习与生活是民办高校的首要职责。而大学生正处于生长发育的后期，体格、心理和智力等各方面正趋向成熟，是增长知识和强健身体的重要时期，同时，也是良好的饮食习惯形成的重要时期，均衡合理的膳食是大学生身体发育以及完成繁重学业的重要保障。每一所民办高校的学生事务管理都应该保证学生的健康要求，将健康服务当作学生事务管理中的一项重要内容。

（3）安全服务

随着经济的快速发展与社会的巨大变化，校园及周边环境的日益复杂导致校园内的不安全因素逐渐增多，大学生随时有可能面对袭来的校园安全危机。安全危机是指由于突发的、具有严重危害性的自然灾害或社会事件，正在或者即将对人们的科研、教学、学习和生活造成不利影响的局面，如火灾、恐怖活动、传染病流行等。为了保障大学生安全的学习与生活环境，确保校园环境的稳定有序，有效的安全服务与对危机进行科学的防范与应对是极其重要的。

（4）体育服务

体育服务内容主要包括体育设施的管理和为学生体育训练服务，在组织机构上，大部分民办高校成立了相关的学生事务管理职能机构——体育运动部，主要负责管理运动设施，提供体育课程，培训运动员及体育运动队，定期举办各种体育活动。体育服务的主要职能首先是负责管理校内的运动场馆和设施。这是学生开展和参加课外体育活动的重要条件和物质基础。良好的体育环境对大学生体育锻炼行为的产生与保持，具有积极的诱导和保障作用。充足的场地设施作为保障，能激发学生的体育热情，调动学生的积极性，丰富学生的活动内容。同时，加强对学生课外体育活动的指导与帮助，特别是对在校内进行的体育比赛加强组织与监督，提供体育活动课程培训，组织体育运动队，并定期举办各类体育活动，担任运动顾问，为学生参加体育活动进行专业指导。

5. 素质拓展

拓展训练课程强调健身性、挑战性、终身性和实用性，突出学生学习的主动性、积极性和创造性，具有途径多、方法多样、形式灵活、内容丰富等特点，它能激发学生的学习兴趣，满足学生学习的需要，加强学生的主体地位，让每一个学生都能找到自己在集体中的位置，重视学生能力的培养，这也正体现了现代教育理念。

在此基础上，民办高校学生事务管理引入了拓展这个概念，并将其与大学

生的素质相结合，开展大学生素质拓展教育，提高大学生综合素质，着眼于学生个体的内在潜能，根据个体差异给予充分的引导、激励、唤醒和鼓舞，使每个学生的潜能得到最大限度的开发，将作为人的本质的创造精神引发出来，使大学生成为自主自觉、优化而和谐发展的健全个人。大学生素质教育的开展是一项复杂的系统工程，各个地区各个民办高校所涉及的内容和侧重点也不尽相同。但归结起来，则主要是以开发大学生人力资源为着力点，在进一步整合深化教学主渠道的基础上，以提高学生综合素质为目的的各种活动和工作项目，包括课外实践、通识教育、情商培养、领导力培养与交际能力培养等方面，引导和帮助大学生完善智能结构，全面成长成才。

（五）学生安全管理

大学生安全管理的基本内容主要包括三个方面：大学生安全教育、大学生日常安全管理和大学生安全事故处理。

1. 学生安全教育

安全教育作为安全管理的基本内容之一，是事故预防与控制的重要手段。安全教育的内容非常广泛，一般而言，大学生安全教育包括安全知识教育和安全技能培训两个部分。安全知识教育包括法律法规的教育、安全常识教育、早期职业安全教育，以及心理健康教育。安全技能培训包括日常安全防范技能培训和早期职业安全技能培训两个部分。

（1）大学生法律法规教育

大学生法律法规教育，包括以下几个方面：基本的法律法规教育，诸如《中华人民共和国宪法》《中华人民共和国刑法》《中华人民共和国教育法》《中华人民共和国高等教育法》等。国家有关安全管理工作方面的方针、政策、法律、法规的教育，诸如《普通高等学校学生管理规定》《高等学校学生行为准则》等。校规校纪的教育，特别是涉及大学生日常行为规范的教育，诸如校园治安秩序管理规定、公寓管理规定等。

（2）大学生安全常识教育

大学生安全常识教育，主要包括防火、防盗、防抢、防骗、防滋扰、防食物中毒、防止网络犯罪等与大学生学习和生活联系紧密的安全知识教育，目的

在于使学生掌握安全防范知识，树立安全防范意识。对突发公共事件的安全知识的教育和普及，是对大学生进行安全常识教育的重点内容。对大学生开展全面、系统的安全常识教育，能够帮助大学生建立起科学的、实用性强的安全知识体系，有效地保护自身安全和公共安全。

（3）大学生早期职业安全教育

大学生早期职业安全教育也是大学生安全教育重要内容之一。早期职业安全教育内容是在大学生实验室安全教育和实习实践安全教育的基础上，更加注重于对大学生走出校园、步入社会后，从事所学相关专业工作时，针对职业领域安全特点而进行的安全知识教育。早期职业安全教育体现着以人为本、终身教育的理念，更加关注大学生的未来安全。

（4）大学生心理健康教育

大学生心理健康教育是大学生安全教育的重要组成部分。从大学生的角度来看，学习压力的增大、生活环境的改变、就业和考研竞争的激烈等都会导致大学生出现心理安全问题。从学校的角度来说，因教学方法不当、管理不严格、奖评不公等情况的发生也都会给大学生心理带来不良的影响，使学生思想、行为异常，缺乏安全感。因此，在对大学生进行安全教育时，对大学生开展全面的、适时的心理健康教育显得尤为重要。

（5）大学生安全防范技能培训

大学生安全防范技能培训，是在安全理论知识教育的基础上，着重培养和锻炼大学生处理实际安全问题的能力。安全防范技能培训主要是通过课堂安全技能的演示、课外实习实践、有组织的应急演练等活动，训练大学生防盗、防抢、防火、防人身伤害以及应对公共突发事件等日常安全防范技能，提高自身防卫能力。

2. 大学生日常安全管理

大学生日常安全管理是指对大学生在校期间的学习和生活过程中所涉及的安全问题进行的管理，主要包括人身安全管理、财产安全管理、消防安全管理、交通安全管理、社交安全管理、网络安全管理、卫生安全管理、外来人口管理等。

（1）人身安全管理

人身安全是大学生日常安全管理工作中最重要的安全问题。大学生在校期间，威胁大学生人身安全，容易对大学生构成人身伤害的因素主要来自人为、不可抗力、意外事故。在大学生日常安全管理工作中，主要从以上三个方面着手开展大学生安全管理工作，规范大学生日常行为，防止诸如滋扰事件、伤害事件、人身侵害事件的发生，做好安全事故的预防工作。同时，在大学生受到人身安全威胁时，做到及时对大学生进行帮助和处理，并如实向主管部门和领导汇报，以有效保护大学生人身安全。

（2）财产安全管理

财产安全是大学生日常安全管理的一项基本工作。随着科技的普及，信息时代的到来，大学生中拥有手机、笔记本电脑的人数不断增多，在带来更好的交互性和可移动性的同时，校园手机、电脑丢失，特别是手提电脑被盗的现象明显增加。近年来，随着民办高校实行的校园一卡通制度，以及民办高校为大学生统一办理的银行信用透支卡业务的普及，在给大学生带来便利的同时，因大学生自身保管不慎而丢失、被盗的现象也相应增多。因此，在财产安全管理过程中，应充分利用安全管理活动，开展宣传和教育活动，引导和培养大学生增强自身财产安全保护的意识和能力。同时，着力从加强校园治安秩序、宿舍安全、公共场所安全等方面防止危害大学生财产安全的事件发生，保障学生财产安全。

（3）消防安全管理

消防安全是民办高校安全工作的重中之重，应做到依法消防管理，提高防火安全意识，实行科学消防管理。依法消防管理，以国家管理政策法规和安全技术规范为依据，健全管理制度，落实技术措施，依法规范消防安全管理。公共场所，诸如图书馆、教学楼、体育馆、食堂、实验室等的防火安全管理是大学生安全管理的重要场所。对这些校园公共场所的管理主要包括建立健全规章制度和硬件配套措施，实行定期检查、报告和评估制度，重点检查消防设施、指示标志、应急照明、安全出口、疏散通道是否符合国家有关标准，做到严防火灾的发生。在管理中，要结合自身专业设置的特殊性，健全、落实以行政安全管理责任制为核心的安全检查、隐患整改、事故查处、责任追究及特种作业人员、防火重点部位管理等的一系列消防管理制度，实施规范管理。在防火安全工作中，在防火工作中，对大学生集中住宿的公寓、宿舍楼进行安全排查和管理是大学生安全管理的重中之重。另外，提高师生的防火意识是做好防火安全工作的重要环节。工作中，结合季节的防火安全特点，组织召开会议，部署防火安全工作，充分利用校报刊登防火常识，印发宣传材料，大力普及消防安全知识，增强灭火技能和火灾发生时逃生、自救、互救本领。学校可采用消防知识讲座、举办消防运动会、图片展览、演示各种灭火器材的使用、常见火灾的扑救方法和不同情况下的逃生自救方法，进行模拟消防训练，让学生熟悉防火、灭火全过程，并熟练地掌握防火知识、灭火知识、防火制度，学会报警、使用灭火器材、扑灭初起火灾、会疏散自救等。根据消防的特点、类型、范围与要求，实施科学消防管理，运用安全科学理论，预先分析系统中的危险因素，超前预防控制事故的发生。

（4）交通安全管理

交通安全问题在保护学生安全的工作中处于越来越重要的地位。随着民办高校办学规模扩大，校区面积的增大，校区和在校学生人数的增多，城市交通发展，以及后勤服务社会化的因素影响，大学生校内外交通安全事故呈现上升的态势。这就需对大学生进行交通安全知识的宣传、教育和培训，避免和减少校园安全事故的发生。同时，民办高校安全管理部门根据学校实际情况，制定切实可行的安全管理条例，从严管理校园交通秩序。具体而言，民办高校交通安全管理必须解决好以下三大问题：

第一，对各种车辆停放点的安排和管理，主要解决车辆的分类、有序停放和安全防盗问题：对车辆集中场所，要安排人员守护看管，也可安装监控设施等。

第二，要在遵守交通法规的原则上，制定和推行校内车辆和交通秩序的管理规定，规范用车行为，维护校内交通秩序，保护师生人身安全。

第三，加强校内交通安全教育，推广校园车辆防盗办法，提高车辆所有人的自我防范意识，减少校内交通事故和盗车案件的发生。

第四，对校内车辆和交通情况组织经常性的安全检查，发现问题，及时按规定进行查处，以维护校内车辆和交通安全。

（5）社交安全管理

社交安全问题越来越受到人们的关注。尤其是随着信息化时代的到来，大学生社会交往活动不断增多，影响大学生社会交往安全的因素也在不断增加。这就要求管理者在大学生日常安全管理工作中，加强对大学生社交活动的规范和管理，在勤工助学、求职择业、社团活动、异性交往等社交活动中加强管理，规范和引导大学生社交行为。

（6）网络安全管理

随着网络和计算机的普及，各种信息共享应用日益广泛与深入，网络和计算机在给人们的生活带来巨大变革和发展的同时，也产生不可避免的安全问题。计算机网络是民办高校师生学习知识、获取信息、互相交流的必不可少的工具。从对计算机安全管理来说，有以下两个层面：

①将网络设备、计算机作为教学设备，落实安全管理和使用的治安责任。存有网络设备、计算机的场所，必须符合防火、防盗、防破坏的要求，必须根据不同的情况，采取安全技术防范措施。夜间要由校卫队巡逻守护，防止计算机被盗和破坏事故的发生。

②认真贯彻国务院关于《中华人民共和国计算机信息系统安全保护条例》和公安部发布的《计算机信息网络国际互联网安全保护管理办法》，加强对计算机校园网络和国际互联网安全的保护。学生利用网络搜集信息，学习知识，交流沟通，促进自身更好地完成学业。面对网络上鱼龙混杂的各种信息，如何保证大学生既有效地利用高科技信息工具，又能避免其负面影响，是信息网络安全教育要解决的重要问题。

常见的威胁网络安全因素主要来自人为因素，如不良信息的传播、账号密码的泄密、垃圾邮件、黑客攻击和计算机病毒的攻击等。在大学生日常安全管理工作中，必须高度地重视大学生网络安全问题，加强网络监管，规范大学生的网络语言和网络行为。学校成立计算机信息领导小组，对校园网和国际互联网应设立计算机监控中心，加强宣传教育，引导网络良好道德氛围的形成，坚决打击网络犯罪，维护民办高校网络安全。计算机信息领导小组要经常与各计算机信息的安全管理责任人加强联系，加强检查，发现问题，采取有效的措施进行整改，以维护公共秩序的安全与稳定。

（7）卫生安全管理

卫生安全管理主要是指关系大学生学习生活的校园公共卫生安全，以及突发公共卫生事件的防控工作。健康的身体是保证大学生正常学习和生活的前提。但是，近年来，校园突发公共卫生安全事件仍时有发生。大学生的卫生安全管理工作主要包括宣传、贯彻相关法律法规，对学校的公共卫生设施、餐饮设施、日常饮用水设施进行定期检查，保障校园公共卫生安全。同时，做好应急突发公共卫生事件的预防和控制工作。

（8）外来人口管理

随着民办高校改革开放的不断深入，办学规模的不断扩大，民办高校后勤社会化后，大量的经商、务工、从业的外来人员不断进入校园，从而增加了民办高校安全管理的难度。为此，对来校的外来人员要进行思想教育，办理"校内临时出入证"。进驻校内工作的单位，其人员应按要求着统一工作装，佩戴工作标志，以利于校方对校园秩序的安全管理。对居住在校内的外来务工、经商、从业人员，要有常住户口所在地乡、镇政府有关部门办理的"三证"（即外出务工证、居民身份证和计划生育证），凭"三证"办理暂住证和校内住所登记手续。要督促校内各务工、经商、从业企业组织的负责人在与学校签订进校经营的经济合同的同时，与学校安全保卫部门签订治安责任书，落实治安责任，确保学校安全。

3.大学生安全事故处理

大学生安全事故处理主要是针对在学校实施的教育教学活动或者学校组织的校内外实习实践活动中，以及在学校负有管理责任的范围内发生的，造成在校大学生人身伤害、财产损害等后果的安全事故的处理。大学生安全事故处理主要包括事故的调查取证、事故责任的认定、事故损害的赔偿和对事故责任者的处理四方面的工作。

（1）调查取证

事故的调查取证工作是事故处理中十分重要的一个环节，目的是弄清事故发生的经过、原因。大学生人身和财产发生一般伤害、损失后，通过及时调查

处理，开展相应的调查取证工作，以获取事故发生的一手资料，找出事故发生的根本原因。在校园内，发生大学生人身安全和财产损失事件后，管理者应保持沉着冷静，迅速采取措施进行抢救和保护现场，并及时通知学生家长。同时，稳定学生情绪，恢复正常的教学和生活秩序，协同有关部门妥善处理。在调查取证的基础上，形成调查报告及时向学院、学校，以及相关主管部门汇报。

（2）事故责任的认定

安全事故责任的认定是在事故调查取证后，对各种证据资料汇总和分析的基础上，进行相应事故责任的判定。在安全事故责任认定的过程中，主要依据相关法律法规及有关规定，对学校、大学生或其他相关当事人进行责任认定工作。安全事故责任的认定，主要是根据事故相关当事人的行为与损害后果之间的因果关系依法确定。

（3）事故损害的赔偿

对所发生的事故负有责任的组织或个人，按照法律法规的有关规定，确定其承担相应的损害赔偿责任。对于参加了学校集体组织的意外伤害保险、责任保险等险种的学生，积极主动帮助学生做好保险的受理和赔偿工作。

（4）对事故责任者的处理

对事故责任者的处理，根据责任主体在事故中的具体情况，对事故责任者进行相应的责任追究。对造成安全事故负有责任的大学生，依据事故实际的情况，以及对事故责任的认定进行相应的处理。因违反学校纪律而应对事故的发生负有责任的大学生，根据学校相应的管理规定给予相应的纪律处分。因触犯刑律而对事故的发生负有责任的大学生，交由司法机关依法处理。在对大学生责任主体进行处理时，要注意以事实为依据，以法律为准绳，有说服力地对犯错误的大学生进行教育和查处，同时，要对被查处的学生本着治病救人的目的，引导其彻底改正错误，争取宽大处理。

当然，在查处案件中，要实事求是，遵循"重证据，重调查研究"的原则。对发生在校内的严重危害治安的情况，必须及时报告公安机关，由学校安全保卫部门协助公安机关做好查处工作。

参考文献

[1] 孙武安. 高校思想政治理论课教学质量提升研究 [M]. 杭州：浙江工商大学出版社，2022.

[2] 陈兴雷，高凤霞. 高校体育教育与管理理论探索 [M]. 天津：天津科学技术出版社，2022.

[3] 赵杨. 创新创业实践与应用型高校人才培养研究 [M]. 北京：中国纺织出版社，2022.

[4] 陈颖. 华侨高等教育研究第 2 辑 2021[M]. 北京：中国国际广播出版社，2022.

[5] 经卫国. 积极教育视域下大学生人际获得感研究 [M]. 北京：中国商务出版社，2022.

[6] 马莉婷. 网络营销理论与实践 [M].2 版. 北京：北京理工大学出版社，2022.

[7] 胡海涛. 体育舞蹈课程建设与综合技能培养研究 [M]. 北京：中国书籍出版社，2022.

[8] 谢如欢. 民办高校教育创新与实践研究 [M]. 长春：吉林人民出版社，2021.

[9] 唐一科，甘永诚. 重庆民办高等职业教育教学改革研究与实践 [M]. 重庆：重庆大学出版社，2021.

[10] 胡赤弟.2019 年宁波高等教育研究年度论坛论文集高等教育现代化建设 [M]. 杭州：浙江工商大学出版社，2021.

[11] 盛正发. 新建本科院校发展理论与实践探索 [M]. 合肥：黄山书社，2020.

[12] 白文乐，赵慧. 北京高校电子信息类专业群全国院校教育教学研究成果论文集 [M]. 北京：北京邮电大学出版社，2020.

[13] 刘重霄. 外语网络教学研究与实践 [M]. 北京：首都经济贸易大学出版社，2020.

[14] 易露霞. 应用型民办高校校企合探索与实践 [M]. 北京：北京理工大学出版社，2020.

[15] 张德江. 民办高校大学生养成教育行动研究 [M]. 长春：吉林大学出版社，2020.

[16] 朱国军，陈文娟. 高校第二课堂成绩单建设的探索与实践 [M]. 苏州：苏州大学出版社，2020.

[17] 刘实鹏，周俊. 人文与科技第 4 辑 [M]. 北京：中央民族大学出版社有限责任公司，2020.

[18] 郝清杰. 高校创新创业教育实践若干问题观察报告 [M]. 北京：北京理工大学出版社，2020.

[19] 范国睿. 中国教育政策蓝皮书 2019[M]. 上海：上海教育出版社，2020.

[20] 刘红梅. 基于 EIP-CDIO 的计算机科学与技术专业实践教学体系构建研究 [M]. 北京：中国铁道出版社，2020.

[21] 胡凌霞. 高校教育管理理念与思维创新 [M]. 长春：吉林大学出版社，2020.

[22] 邝邦洪. 应用型民办高校内涵发展研究与实践 [M]. 北京：北京理工大学出版社，2020.

[23] 杨德广. 杨德广八十自述自选 [M]. 上海：上海大学出版社，2020.

[24] 佘玉梅，申时凯. 基于应用能力培养的计算机实践教学体系构建与实施 [M]. 长春：东北师范大学出版社，2020.

[25] 李惠琴. 探索·创新·发展 [M]. 上海：文汇出版社，2020.

[26] 杜宾. 高校网球运动教学理论分析与方法创新研究 [M]. 长春：吉林大学出版社，2020.

[27] 潘懋元. 潘懋元文集卷 5 序文 [M]. 广州：广东高等教育出版社，2020.

[28] 彭秋龙. 地方性应用型本科高校建设新思考 [M]. 上海：立信会计出版社，2020.

[29] 李昕阳，李晓白，罗兆博. 现代继续教育研究 [M]. 长春：吉林人民出版社，2020.

[30] 罗共和，黄元文. 四川电影电视学院二十五周年论文集 [M]. 成都：电子科技大学出版社，2020.

[31] 杨利. 启航广东东软学院教学研究与改革 2019 版 [M]. 广州：中山大学出版社，2020.

[32] 谢明. 高校体育教育理论探索与实务研究 [M]. 长春：吉林人民出版社，2020.

[33] 常德庆，姜书慧，张磊. 高校体育教学与运动训练研究 [M]. 长春：吉林出版集团股份有限公司，2020.

[34] 金树德，吴奕. 晚霞正好高校关工委工平台建设实务 [M]. 镇江：江苏大学出版社，2020.

[35] 张应辉. 成都东软学院学刊第 5 辑 [M]. 成都：西南交通大学出版社，2020.